JN270709

成功者が実践する投資法
WINNER'S METHOD SERIES

田平雅哉の
FX「スイングトレード」テクニック

はじめに

　前著『ドクター田平の　外貨で3000万円儲ける法』は幸いにも多くの読者の支持を得て、版を重ねることができました。また、同書をきっかけに、書店の店頭に外貨やＦＸ（外国為替保証金取引）投資に関する本のコーナーができるなど、ＦＸそのものがかなり一般的に広まってきたように思います。
　そのしくみ、メリットとリスクをきちんと理解して取り組めば、外貨預金に比べて、圧倒的に有利なのですから、水が高いところから低いところに流れるのと同様、今後もこの流れは続くと思います。

　さて、相変わらず日本では超低金利が続くなか、ＦＸ投資は現時点においても非常に有利で、きちんとしたロジックで投資に取り組めば、収益が上がる可能性が高い投資商品であるということは間違いありません。
　しかし、メールで問い合わせをいただいたり、セミナーでお話をしていて実感するのですが、それでもなお、ＦＸ投資をしている人のなかには、勝っている人もいれば、負けている人も存在します。
　為替はそれぞれの通貨の交換レートですから、株式市場のようにある時期、全銘柄が上昇してみんなが万歳！　といったことはありません。つまり、基本的に「ゼロサムゲーム」です。大きな市場全体でみれば、当然のことながら勝つ投資家がいれば、負ける投資家が必ず存在します。

しかし、たとえば、同じように私の本を読み、ＦＸ投資を始めたのに、ある人は上手に利益を上げることができ、ある人はなかなかうまく儲けることができない、という状況はそうした市場の構造論よりももっと卑近な要因に基づくものだと思います。それは、本の内容を理解してインプットし、実際のアクションとしてアウトプットするまでのあいだに、「違い」が生まれているからに他なりません。
　もちろん、個々の投資場面においては、手がける通貨も金額も違うでしょうし、仕掛けや手仕舞いの時期も違うのは当然です。そうではなく、ここでいう「違い」とは、一連の投資行動そのものが違った方向に向いているということです。

　率直にいえば、ＦＸに限らず、投資の世界には「常に勝つ人」と「負け続ける人」がいます。
　勝つ投資家はなぜ勝ち続けるのでしょうか。逆に、負ける投資家はなぜ負け続けるのでしょうか。たとえば、投資や投機の代表選手といえば株式投資ですが、株で勝つ投資家は為替でも勝つことが多いし、株で負ける投資家は為替でも先物取引でも負けることが多いのです。あるいは、初めての投資が為替だった人にとっては、ここで勝つ方法論を身につけることができれば、株式投資でもおそらく勝つことができると思います。
　その理由は何なのでしょうか。
　たんに銘柄選びがよかったり、仕掛け方、たとえばテクニカル指標の使い方がうまくいっているからなのでしょうか。

答えは否です。

長く投資生活を続けて勝つためには、より「勝つ可能性が高い投資行動をする」ことが不可欠であり、いちばん重要なポイントとなります。勝つ確率の高い投資行動を理解し、実践することにより自ずと相場に勝てるようになるはずなのです。このことは、ＦＸ投資のみならず、株式投資や商品投資においても、共通したものだと思います。では勝つ確率が高い投資行動とは何なのでしょうか。

それは、確固たる投資哲学に裏打ちされた投資行動です。そして、それはどういうものかを伝えることこそがこの本の主眼なのです。

つまり、ＦＸ投資で成功するために必要な要素を、順序を整理していえば、

① ＦＸ（外国為替保証金取引）とは何か、そのしくみ、外貨で投資を行なうことの意義などを理解し、身に付けること
② 投資とは何か、儲け続けるためにはどういう行動が必要なのか、それを裏打ちする投資哲学のあり方、投資に際して克服すべき心理的要因などを理解し、身に付けること
③ 投資哲学に裏打ちされた投資行動を、具体的なアクションに結びつけるための投資技術、すなわちＦＸトレードに勝つための「投資鉄則（ルール）７か条」の使用法などを理解し、身に付けること

という流れになります。

ただ、前著においては、ＦＸそのものの基本書として、そのしくみ、メリットやリスクあるいは外貨に投資することの意義、そして実際にカンタンに投資の成果を上げることができるということを、なるべくやさしくページを割いて伝えたかったため、①、そして③の要点だけしか盛り込むことができませんでした。その点について、一部の読者の方からは、「③の部分は一見カンタンそうにサラッと書いてあるが、実はいきなり非常に高度なレベルに内容が飛んでいて、読者、とりわけ初心者には誤解を与える恐れがある」とのご指摘をいただいたことがあります。

　③はあくまで②を前提とするものであり、表面的に③だけをなぞってみても、それだけでは十分ではないかもしれません。したがって、すでに②を身につけている読者の方が、かなりカンタンに儲けることができた一方で、まだ②の部分をしっかりと身につけていない方のなかには、苦戦している人もいるかもしれません。

　苦戦している方は、今回の本を大いに参考にしてください。きっと投資の実力がもうワンランク上達すると思います。

　また、この本では③のディテール、すなわち、さまざまな場面においてテクニカル指標をどうみるか、どう仕掛け、どう手仕舞い、どう損切りするかといった具体的なアクションについて、実際にＦＸ投資を始め、自分なりに試行錯誤をされているであろう方に向けて、もう一歩踏み込んで解説しました。これについても、きちんと②を書くことによって初めて上手に伝えることができる部分が多か

ったからです。

　その点では、前著が「公式」とその答えだったとすれば、この本は解法の流れや考え方を示し、いろいろな場面で「応用」できるようになるための参考書とでもいうべきものです。

　注意していただきたいのは、ここでいう公式と応用には、大学受験の問題のように唯一の答えがあるわけではないということです。当然、私自身、投資の現場において遭遇するさまざまな状況に対応する「答え」を知っているわけではありません。みなさんと同様、常に試行錯誤を重ねながら、そのときどきの時代状況のなかで「ベストな選択肢」を求めて、判断し行動しているに過ぎません。
　さらにいうならば、そもそも投資への取り組み方は十人十色です。投資の目的や資金量も違えば、人それぞれにもって生まれた性格も、いま置かれている状況も違います。10人の勝ち組投資家がいるならば、その考え方、方法論も10通りあり得るのです。したがって、前著ならびにこの本で述べている投資技術のロジックも、あくまで私なりのアプローチに過ぎません。

　つまり、ここに書いてあることをそのままノートに書き写すようなスタンスで投資をしても、得られるものは多くないということです。おそらく、それでも多少は勝てると思います。しかし、何で勝てたのかもわからないまま、気持ちは落ち着かないことでしょう。当然、そういう勝ち方はホンモノではないし、継続して勝ち続ける

ことはむずかしいでしょう。

　だから、とりあえずそのまま真似してみるにしても、必ず自分の頭で、その意味を理解してから行動していただきたいのです。そしてできるならば、そこから一歩進めて、みなさんそれぞれが自分にとって違和感のない、納得できるやり方にアレンジし、自分のなかで消化し、身につけてしまっていただきたいのです。本書はあくまで、そのきっかけ、端緒に過ぎません。

　なお、文章の言い回しについてはできる限りやさしくしたつもりですが、本の性質上、基本的な用語の意味などについては、説明不足に陥っている部分があると思います。その点については、前著あるいは他の入門書などと合わせて読むことにより、理解を深めていただければ幸いです。

　2005年11月

田平雅哉

CONTENTS

•CONTENTS•

田平雅哉のFX「スイングトレード」テクニック

はじめに

Chapter 1
勝ち続ける投資家と負けて退場する投資家

1 「合理的な投資行動」が勝ち続ける投資家の資質 ……………14
2 「負ける投資家」には共通項がある ……………………………19

Chapter 2
「負けて退場する投資家」にならないために

1 現在の状況に大きな変化が起こることに対して抵抗感がある …26
2 過去の体験にとらわれる傾向がある ……………………………31
3 利益が出ると早く利益を確定したい。
　損切りがなかなかできない ………………………………………35

4 勝率にこだわる …………………………………………42
5 何かが儲かるという話を聞くとやりたくなる ……………45
6 自分のやり方を変更するのに抵抗がある ………………47

Chapter 3
「投資技術」ではなく「投資哲学」こそが大事

1 実践していなければ意味がない ……………………………52
2 「運」と「確率」を分けて理解しなければならない ……………55
3 「精度の高い投資技術＝勝つ確率の高い投資行動」ではない …60

Chapter 4
「投資技術」とは何か？

1 効率的市場仮説はあり得ない ………………………………64
2 ＦＸ投資で儲けるための「投資技術」 ………………………67
3 投資対象の選択　なぜいま「外貨」か？ ……………………75
4 投資対象の選択　どの通貨に投資するか？ …………………77

Chapter 5
テクニカル分析（統計的分析）指標の意義と限界

1. ファンダメンタル指標と合わせて「強さ」をみる ……………84
2. テクニカル指標を取り扱う前に… ……………………………89
3. テクニカル指標が利用できる場面　利用できない場面 …………91
4. テクニカル指標に期待できること　期待できないこと …………96
5. テクニカル指標の精度と合成の誤謬 …………………………102
6. テクニカル指標のサインをどうとらえるか ……………………108
7. テクニカル指標の検証の必要性 …………………………………110

Chapter 6
MACDとスローストキャスティクスによる売買手法のディテール

1. なぜMACDとスローストキャスティクスなのか ………………114
2. MACDのしくみと実践的な運用法 ………………………………123
3. スローストキャスティクスのしくみと運用法 ……………………142

Chapter 7

チャートと併用して精度を高める

1. ローソク足のパターンを覚えても意味はない ……………146
2. 中長期のチャートも併用して全体の流れをみる …………150
3. レジスタンスラインとサポートライン ……………………160
4. チャートとサインを用いたスイングトレードの例 ………166

Chapter 8

仕掛けから手仕舞いまでの実践

1. 注文方法の選択　指値か成り行きか？ …………………178
2. 損切りの手仕舞い（ロスカットの考え方）………………183
3. 損切りの手仕舞い（ストップロスオーダー）……………190
4. 利食いの手仕舞い（トレーリングストップ）……………192
5. 利食いの手仕舞い（ピラミッディング）…………………198
6. シナリオを描けるならば自動売買を活用できる …………201

本文レイアウト・DTP／ムーブ

Chapter 1

勝ち続ける投資家と負けて退場する投資家

1 「合理的な投資行動」が勝ち続ける投資家の資質

▽

- ▶相場がよいときにはたくさんの「成功者」が現われる
- ▶そのなかから「賭け」に勝ったのではない、「ホンモノ」を選び、学ぶ必要がある
- ▶そのためには自分で「理解」して「行動」することが不可欠である

　あなたはなぜ自分が投資に勝てないか考えたことがありますか。

　欲をかいて仕掛けや仕切りポイントを間違ってしまった、用いるテクニカル指標やそのパラメータが適切でなかった、あるいは、たまたま運が悪かった…など、自分なりに理由はいろいろと分析していることでしょう。

　しかし、その理由はたんにそのときどきのアクションの是非にあるのではなく、「確率的に正しくない」、言葉を言い換えれば「非合理的な投資行動を続けている」ことが根本的なそして最も重要な要因であることが多いのです。

　そして、多くの場合、負け続けている投資家は、そのことに対して無自覚なのです。

逆に、勝ち続ける（連勝ではなく、一定期間の損益がプラスになるということ）投資家の行動の特徴はどうでしょうか。私の周りにも、常に勝ち続けている投資家が何人かいます。その人たちの勝率は、偶然に生じうる確率をはるかに超越しています。それは「確率的に正しい、合理的な投資行動を続けている」からだと、少なくとも私は分析しています。

では、そうした投資行動とはどういうものでしょうか。

たとえば、コイントスの裏表を当てるゲームがあったとします。裏表を当てるのに技術はほとんど関係ありませんから、当てずっぽうでやるわけです。それでも、ゲームの参加者が多ければ、何十回も勝ち、高い勝率を残す人たちが確率的に一定の割合で出現します。

同様に、株式投資やFX投資もゲームの参加者は莫大な数ですから、当てずっぽうでやっていても、何十回も勝つ"奇跡の投資家"が偶然ではあるが必然的に存在することになります。

とりわけ株式取引においては、銘柄の多くが値上がりすれば多くの市場参加者が勝利する、すなわち市場が活況なときはゼロサムゲームではなくプラスサムゲームになるため、細工を施したコインの裏表を当てるようなものなので、勝つ確率が上昇し、勝率9割というような人が多く出現してしまいます。

そうなると、一般紙にも「株式市場が活況」といった記事が出始め、書店には「勝率○割」とか「○億儲かった」という類の本があふれてきます。もしかしたら、私の前著もそうしたなかの一冊だと

カウントされているかもしれません。とはいえ、なかにはハッタリやヤラセの人もいるのかもしれませんが、その多くは実際に儲けているのも事実なのでしょう。

なぜなら、絶対数として「勝った人」が増えているのだから、そうした本がたくさんあふれてきても不思議ではないからです。だから、相場がよいときにはそういった本が多く出版され、市場環境が悪いときはあまりそういう景気のよい本をみかけないわけです（相場が悪いときは投資関連本の売れ行きが悪いというマーケティング的な事情もあるそうですが…）。

いずれにしても注意しなければならないのは、投資ノウハウを説く本のなかには、「偶然に賭けが当たった」「そのとき用いた投資手法が偶然にその市場に適合した」「市場全体の状況がよかった」ことが儲かった主因であるのに、悪意も自覚もなく活字になっているものもあるということです。

もちろん、そこから投資行動や投資技術、具体的なアクションを学んでも意味がありません。私自身はそういう投資法は行なっていないつもりですが、その真偽は読者のみなさんそれぞれが、フィルターにかけて判断するしかありません。その判断のポイントはロジックとして納得できるか否か、すなわち合理的だと判断できるか否かだと思います。

後で詳しく示しますが、私は相場はランダムウォークではないととらえています。だからこそこのような本を書き、投資行動のあり

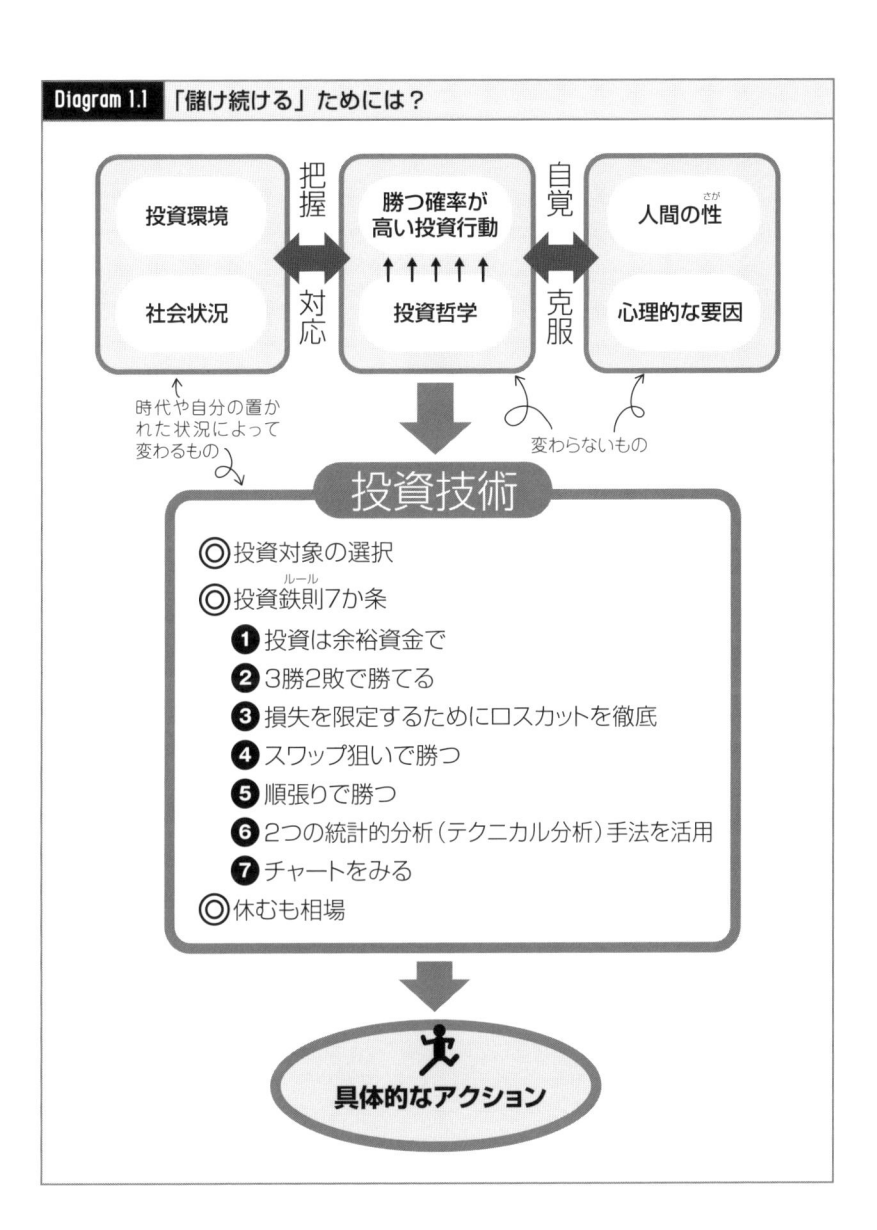

Diagram 1.1 「儲け続ける」ためには？

```
┌─────────┐  把  ┌─────────┐  自  ┌─────────┐
│ 投資環境 │  握  │勝つ確率が│  覚  │ 人間の性 │
└─────────┘ ←──→ │高い投資行動│ ←──→ └─────────┘
┌─────────┐  対  │ ↑↑↑↑↑ │  克  ┌─────────┐
│ 社会状況 │  応  │ 投資哲学 │  服  │心理的な要因│
└─────────┘      └─────────┘      └─────────┘
```

↑ 時代や自分の置かれた状況によって変わるもの

変わらないもの

↓

投資技術

◎投資対象の選択
◎投資鉄則7か条（ルール）
  ❶ 投資は余裕資金で
  ❷ 3勝2敗で勝てる
  ❸ 損失を限定するためにロスカットを徹底
  ❹ スワップ狙いで勝つ
  ❺ 順張りで勝つ
  ❻ 2つの統計的分析（テクニカル分析）手法を活用
  ❼ チャートをみる
◎休むも相場

↓

具体的なアクション

方を模索し、それを具体的なアクションに結びつけるために投資技術を開発し、実行する意味もあるわけですが、相場がランダムウォークでないとすれば、投資は当たるも八卦、当たらぬも八卦の「占い」ではありえません。

そうであるなら、少なくとも、自分の頭で「ここで損切りをする意味は何か」「ここで仕掛ける理由は何か」といったロジックを理解し、納得したうえでないと行動できないはずです。

投資の目的とは、儲けること、もう少しいえば儲け続けることです（単にスリルを味わいたいという人は、この本では念頭に置いていません）。ではそのために何をどうしたらよいのでしょうか。さまざまな事象について、それを突き詰めて考えることが投資哲学です。そしてそこから生まれる行動原則が、勝つ確率の高い投資行動なのです。「はじめに」で、何か具体的なアクションを起こすときには、必ず「理解してから行動」していただきたい、と書いたのは、その部分をおろそかにしないでいただきたいという意味も込めているのです（前ページ図参照）。

私がこの本で明らかにしたい「常に勝ち続けている投資家」そしてその「投資行動」とは、そういうフィルターにかけてなお、学ぶべきだと考えられるものです。そしてそれこそが、私自身が模索し続けているものでもあるのです。

まずはこの点を理解していただいたうえで、以下を読み進めてください。

2 「負ける投資家」には共通項がある

▶負ける投資家はどの相場でも負けることが多い
▶その要因は「非合理的な投資行動」にある
▶自分をありのままに見つめ、欠点を直すことで、対応する必要がある

　勝ち続けている投資家といっても、用いる投資技術はさまざまです。「はじめに」でも触れたように、投資の目的や資金量も違えば、人それぞれにもって生まれた性格も、いま置かれている状況も違います。10人の勝ち組投資家がいるならば、その考え方、方法論も10通りありうるからです。

　しかし、勝つ確率が高い投資行動をとっているという面では共通点があります。一方、負ける投資家は、逆にそれができていないという点で共通点があります。したがってここでは、勝つ投資家になるための手法として、なぜ投資において負けるのかを考察・分析し、それを修正することを考えてみましょう。

負ける投資家は、どの相場に参加しても負けることが多い、というのが私の実感です。

　ＦＸのようにスワップ金利というシステム上非常に有利なハンディをもらっているにもかかわらず損をしていることが多々あります。しかも、まったく勉強もせずに、他人の言いなりになっているような投資家が負けるというのなら理解できますが、非常に勉強熱心な投資家で、いろいろな本を読んで知識も十分あるにもかかわらず、投資成績が振るわない人たちがいるのです。

　「非合理的な行動を続けていることが、根本的なそして最も重要な敗因であることが多い」と先ほど述べましたが、こういった人たちは、知識はあるものの、行動が無意識のうちに非合理的になっていることが多いのです。

　では、負ける投資家の非合理的な行動とは具体的にどのようなものなのかについて、いわゆる行動心理学を応用した以下のテストで明らかにしてみましょう。自分自身がいくつ当てはまるかを試してみてください。

① 現在の状況に大きな変化が起こることに対して抵抗感がある
② 過去の体験にとらわれる傾向がある
③ 利益が出ると早く利益を確定したい。損切りがなかなかできない
④ 勝率にこだわる
⑤ 何かが儲かるという話を聞くとやりたくなる

⑥　自分のやり方を変更するのに抵抗がある

　いくつ当てはまったでしょうか。
　多く当てはまる人ほど非合理的な行動を無意識にしているため、勝ちにくい投資家であるといえます。
　5個以上当てはまった人はおそらく負けている投資家ではありませんか？　逆に1個以下であれば、正しい投資技術を学習すれば、相場で生き延びる可能性が高いといえるでしょう。
　上のテストは簡単なテストですが深い意味があります。当てはまった項目は自分の投資行動の欠点を明らかにしているからです。
　たとえば、私自身の場合は、かつては勝率にこだわる傾向がありました。だから、「たとえ損切りをすることによって勝率が下がっても、利益を上げない投資対象からは早急に手を引く」ことを意識して行動するようになってから、利益の額が上昇しました。
　つまり、負ける投資家である自分のありのままの姿を見つめ直し、自分の欠点を自覚し、それを明確に意識し、そのような行動を起こしそうになったときには、それを自制することにより、投資成績を改善することができるのです。
　それこそがすなわち、勝てる投資家になるための第一歩といえるでしょう。

　また、投資におけるこうした行動原則は、経営にもつながるものだと思います。

- 成功する経営者は現在の状況だけではなく、将来の変化を予想し、戦略を立て、過去の成功体験には固執しません。
- 利益の出る事業に「選択と集中」を行ない、利益を十分に獲得します。
- 不採算事業からは潔く撤退する勇気と決断力をもっています。
- 現在、他の会社が儲けている事業に二番煎じで乗り出せば、競合も多く、競争が熾烈になります。したがって、成長企業を率いる優秀な経営者は、他の会社がもっていない、真似のできない製品やビジネスモデルをもつことに注力します。

以上に挙げたことは、そのまま投資にもつながることでしょう。投資というのは、ある意味、成長する国の通貨、成長する企業の株式を選択し、効率よく投資するわけですから、当然、似ているのです。

このように、投資哲学や投資行動の話をすると、そんなことより、もっと具体的な投資技術、たとえばMACDの見方について詳しく解説してほしいとか、どの通貨をどこで買ったらいいのか教えてほしいという人がいます。

しかし私は、「勝つ投資家」が「負ける投資家」と決定的に異なり、勝つ投資家に共通しているのは投資哲学であり、それに裏打ちされた投資行動であると考えています。つまり、勝つ投資家は「相場に勝つ確率の高い投資行動を無意識か意識的に行なう」ことができており、負ける投資家は「相場に負ける確率の高い投資行動を無意識

に行なっている」のです。

　すなわち、いくらテクニカル指標やファンダメンタル指標などの、表面的な投資技術を勉強して習熟しても、その前提となる投資行動が非合理的であれば、せっかくの投資技術も結局は間違った使い方をすることになり、相場には勝てません。

　もし、この本に書いているような投資技術はすべて知っているという人がいて、それでも投資で利益を上げることができていないのであれば、その人の敗因は、そもそも投資行動がおかしいか、あるいは投資の際の心理的要因に基づく根本的なものだと思います。

　つまり、「ここは退屈だから飛ばし読みしよう」と思っている人は、いくら後で触れる投資技術を覚えてみても、対症療法に過ぎず、勝った負けたを繰り返してスリルを味わう以上の成果をあげることはできないでしょう。

　本書では投資行動のほか、心理的要因にも注目し、負ける投資家に自己分析を促し、その後にテクニカルを中心とした投資技術について解説しています。まさに「彼（敵）を知り、己を知らば、百戦危うからず」という考えこそが、成功する投資家への近道だと考えているからです。

　2章では、先ほどのテストを元に、負ける投資家の性質（投資行動、心理的要因）を分析し、どこが問題で、どうすれば勝つ投資家になることができるのかについて解説していきます。

Chapter 2

「負けて退場する投資家」に
ならないために

1 現在の状況に大きな変化が起こることに対して抵抗感がある

- ▶人間は「現在の状況」を基準に物事を判断しやすい
- ▶その結果、「大きな変化」に対応できず失敗することが多い
- ▶大きな変化を想定し備えることが、成功には不可欠である

　ノーベル経済学賞を受賞したダニエル・カーネマンは、数値的な推測をする際に、基準点に大きく依存してそこから調整を図るという人の傾向により、調整を不十分にしか行なわないから誤りが生じるということを「投錨（anchoring）と調整（adjustment）」と表現しています。

　すなわち、相場においても、人はある一定の状況が続くとそれが自然で当然と考えるようになります。そして、その状況に投錨し、その状況をもとに判断を調整するため、誤りが起こりやすいのです。

　バブルのピーク時の株価を例にとるとわかりやすいでしょう。

　ご存知のように、バブルの時代にはあらゆる銘柄が上昇し、株は

買ったら上昇するのが当然というふうに多くの人が考えました。つまり、株が上昇するということを当然と考え、日経平均3万円という株価に投錨し（基準を置き）、将来の株価の予想をその基準を元に調整したのです。その結果、その後、株価が2万円になるなどということはほとんどの人が予想できず、対応もできなかったために大きな損をしたのです。

また、別の例があります。

それはアナリストの為替や株価の予想です。前者でも書きましたが、率直にいって、アナリストの予想はまず当たりません。その理由は、そもそも予想をしていないからです。

アナリストの予想というのは、たとえば為替であれば、予想時のレートを基準に上下20％以内の数字を挙げる人が圧倒的に多いように思います。実は過去の為替相場をみると、平均で1年に上下20％前後動く確率はかなり高いのです。ということは結局、アナリストは何も予想していないのと同様です。つまり、本人は自覚していないのかもしれませんが、過去の為替レートの変化に基準を置き、「過去の平均でこれぐらい動くのでこれぐらいのレートになるでしょう」とデータを述べているだけなのです。

だからといって、個々のアナリストが怠慢だと責めるつもりはありません。「投錨と調整」は人間の性から生じる避けがたい行動心理だからです。

それでは逆に、いま1ドル100円なのに1年後に150円になると予想することはできるのでしょうか。

1ドル150円になるためには、大きな円安になる経済的要因が1年以内に生じなければならないということです。現在のレートが100円であれば、現在はその材料は織り込まれていない（まだ起こっていない）事象だということです。そういった未確定や不知の要因について、「占う」ことはできるかもしれませんが、「予想」を立てるのは非常に困難、というよりほとんど不可能といえるでしょう。

　したがって、1章において負ける投資家の共通項として述べた①「現在の状況に大きな変化が起こることに対して抵抗感がある」という欠点を克服して、正しい、すなわち合理的な行動をとるためには、将来の為替レートを予想するのではなく、現状と大きく異なるシナリオも起こる可能性を想定する（受け入れる）ことが必要になります。

　そして、そうした状況にも備えるために、資金を分配し（安全マージンをもって）、予想外の大きな価格変動が起こったときには、現状から大きく変化することに対して抵抗するのではなく、損切りをするなど適切な対応をしなければなりません。逆に良い方向に相場が動き出したときも、大きな変化が起こる可能性も考えて、すぐに利食いをするのではなく、相場に乗り、利益を拡大することが大切なのです。

　そうすることができれば、バブル崩壊のときでも損を最小限に抑えることができたことでしょう。ちなみに、よく相場参加者全員が同様に損切りをすれば、ストップ安になって売買が成立せず、相場

の下落の規模がさらに大きくなる可能性があるなどといったこともいわれますが、幸いなことにほとんどの人は非合理的に行動し、そうした場面で損切りができないので、相場が成り立つのです。「意見の相違」が相場を形成するのです。

　話を為替に戻しましょう。私は前著で日本の悲惨な財務状況と財政破綻の可能性について触れました。そして、その結果生じるであろう円安についても言及しました。

　こういう話をすると「なるほど」と耳を傾ける人がいる一方で、「日本は世界2位の経済大国である。その日本が財政破綻するなんてあり得ない」という人も、当然のことながらたくさんいます。これはバブルのピーク時に「日経平均が2万円を割るなんて、こんな好景気なのにあり得ない」という意見が大勢を占めていたのとどこか似ている気がしないでもありません。

　たしかに日本は、世界最大の外貨保有高を誇り、日本国自体の資産も相当にあります。だから、一部の本がはやし立てるような財政破綻や、厳密な意味でのハイパーインフレが起こる可能性は低いと私も考えています。しかし、最近財務省が本腰を入れて財政再建に取り組んでいるのをみればわかるように、日本の財政状況が危機的であることもまた事実です。そして今後、財政再建と景気回復を同時に達成するのはむずかしいことでしょう。だから、投資家そして、日本で生活する国民として、可能性が低いにしても相応のインフレーションや円安になることを想定して、資産運用なり、生活設計を

行なうことは自己防衛の意味でも必要だと思うのです。これは大きな変化を受け入れるということです。そしてその点、外貨と株はインフレーションに強い商品ですから、外貨を含めた資産運用が必要ではありませんかと、私は問いかけているのです。

2 過去の体験にとらわれる傾向がある

▽

- ▶人間は過去の成功を元に成長することができる
- ▶しかし、状況が変われば、過去の成功体験は逆に足枷となる
- ▶相場は諸行無常ゆえに、常に臨機応変な対応が不可欠である

　「過去の体験にとらわれる傾向がある」という欠点も多くの人に当てはまることでしょう。

　過去に成功した体験をもち、それが強烈であればあるほど人間は成功した行動を繰り返そうとします。これはまったく自然なことで、逆にいえば、人は成功体験の記憶があるからこそ、その成功した方法を元に、現状のやり方に改善を加え、絶えず成長することができるともいえます。

　問題は、過去の体験にとらわれすぎるのはよくないということです。

　たとえば、高度成長期に買った株を長期に持ち続けて成功したとします。そして、長期保有が投資においてベストの戦略であると考

え、いまに至っていたらどうでしょうか。

なるほど、経済が右肩上がりに上昇する時代には会社の資産も収益も増えるため、株価は上昇しました。おまけに株式の売買手数料も高かった1980年代においては長期保有がベストの戦略であったと思います。

しかし、バブルが崩壊し、経済構造自体が大きなパラダイムシフトを起こし、株式相場が右肩上がりでなくなった後は、長期投資はベストの投資ではなくなりました。にもかかわらず、かつて長期保有で大成したゆえに、その成功体験が忘れられず、その方法にとらわれてしまった結果、この10年ほどで10億円以上の資産を半分以下に減らした人が、私が見聞きしたなかにも何人もいます。

株式の売買手数料が安くなり、会社（銘柄）の勝ち組、負け組が明確に分かれる時代においては、短中期売買で回転率を上げ、業績の良い株を絶えず選別し、投資対象を臨機応変に変更する方法のほうが合理的な方法となったのです。そして、ある程度損失が出た段階で損切りをするということをしなければ相場で勝つことはできなくなってしまったのです。

外的環境は絶えず変化します。まさに、諸行無常です。そして、それに伴い、成功する投資哲学や投資行動、投資技術も絶えず変化します。そうした事実を認識し、臨機応変に状況に対応する柔軟性をもって、そのときどきにベストの投資方法を求める姿勢がなければ、長い期間にわたって相場の世界で生き延びることはできません。

私が前著ならびにこの本で紹介するＭＡＣＤを使った投資技術は、過去数年においては為替相場に相当な適合性をもち、利益が上がる可能性が高かったのは事実です。そして、現時点でもまだその効能は落ちていません。しかし、たとえば５年後には、日本の経済状況が変化したり、市場参加者の行動パターンが変化している可能性もあります。そうなれば、ＭＡＣＤはもはや有用なテクニカル指標ではなくなっている可能性は十分にあるのです。
　そういった認識をもちながら、絶えず状況の変化をとらえ、自己変革、投資方法の改善を続けていく姿勢がないとダメなのです。一つのやり方を覚えて、それでいつまでも利益を上げ続けられるほど相場の世界は甘くはありません。

　通貨の選択に関しても同様のことがいえます。前著でＮＺドルやＡＵドルはスワップポイントが高く投資対象として好ましいということを強調しました。日本の金融緩和政策による低金利と、ニュージーランドやオーストラリアがインフレ抑制のために金利を高く誘導していることにより、通貨間の金利差であるスワップポイントが相当に高く、買いから入るというスタンスでは魅力的な投資対象となっているからです。加えて現状では中国の高度成長と資源の消費量の増加に伴い、資源国であるオーストラリアやニュージーランドの評価が高まっているという背景もあります。
　しかし、今後ニュージーランドやオーストラリアの金利が下降したり、日本の国債の価格が下落し、長期金利が上昇するなどすれば

スワップポイントは低下し、ＮＺドルやＡＵドルの買いは得策でなくなる可能性はあります。円と外貨の金利が逆転すれば、他の金利の低い通貨を売ってスワップポイントを稼ぐのがベストの手段になるかもしれないわけです。

　私は過去にさまざまな投資を行なってきました。90年代後半はＩＴ株、2000年ごろはＲＥＩＴなど、そのときどきに最も魅力があると考えられた投資商品を中心に投資対象を選んできました。そして、その投資商品の人気が過熱し、割安でなくなったり、利回りが低くなったりすると、その投資から撤退しました。そして現状ではＦＸが最も魅力的な投資商品の一つであると考えていますが、そもそもそのこと自体が変わる可能性もあるのです。
　ＦＸはだいぶ広まってきたとはいえ、認知度はまだまだ低いものです。しかし、これから先、商品のよさが認知され、買いが集まって過熱感が現れてきたら、そのときはＦＸからは撤退し、別の投資商品に比重を移すときかもしれないと考えているところです。
　いずれにしても、投資対象も投資技術も、すべては変化するものだと認識し、いくら過去に成功したとしてもその成功体験にとらわれすぎないことが、１章において負ける投資家の共通項として述べた②「過去の体験にとらわれる傾向がある」という欠点への備えとして不可欠なのです。

3 利益が出ると早く利益を確定したい。損切りがなかなかできない

▶人間は本能として「損失回避行動」をもっている
▶思うがままに投資に取り組めば「損大利小」に陥りやすい
▶投資で勝つには意識して「損小利大」を実践しなけれならない

　損切りをなかなかできないのは、いわゆる損失回避行動によるものです。
　ダニエル・カーネマンのプロスペクト理論でその理由について考察がなされていますが、それによれば、人間には「損失を回避」したい心理が働き、100万円の利益による喜びよりも100万の損失による痛みのほうを強く感じる傾向にあるからだと考えられています。
　以下の有名な質問に答えてみてください。

質問1
あなたは次のどちらを選びますか？
A　700万円を確実にもらえる

B　1000万円を70％の確率でもらえる

質問2
あなたは次のどちらを選びますか？
A　700万円を確実に損する
B　30％はまったく損しないが70％の確率で1000万円損する

　おそらく、質問1ではAを選び、質問2ではBを選んだ人が多いのではないでしょうか。
　つまり、利益に関する質問では確実にお金をもらえるAを選び、損失に関する質問では、確実に損するのを避け、払わないで済む可能性のあるBというギャンブルに出る人が多いのです。
　しかし実は、質問1のAもBも、質問2のAもBも、期待値はすべて700万円であり、確率的には、どの選択肢も同じなのです。しかし、多くの人は上のような選択を行ないます。そして実際の投資でも同じことを行なうのです。
　つまり、人間は確実な利益は確保しようと考える一方で、リスクを回避したいと考え、万が一でもリスクを被らない可能性があるならそれに賭けてみようとするのです。

　この損失回避行動は、まさに人間の性として自然なことなのですが、投資においてはいちばん避けなければいけない行動の一つでもあります。なぜなら、このような行動パターンは、投資で勝つため

の大原則である「損小利大」に反する結果をもたらすからです。

　損小利大という言葉を知っている人は多いと思います。文字どおり、損を小さく、利益を大きくすることで、投資で勝つためには不可欠な原則とされています。しかし、これを忠実に実行できている人は非常に少ないのです。

　実際、私は前著においてこの損小利大、とりわけレバッレジを活用した場合に増大するリスクを軽減し限定するためには「ロスカットが重要である」とかなり強調して書いたつもりなのですが、手紙やメールでいただいたご質問のなかには、「20万円損しているが、このままもち続けていいのでしょうか」とか「1ドル110円が108円に下がったが、また110円に戻るでしょうか」といった類のものが数多くありました。

　いくらで損切りするか、いくらの価格変動を想定するかは、レバレッジのかけ方、資金量、どのくらいのスパンでのトレードを念頭においているか（それによりトレンドなのかノイズなのかをとらえる値幅が異なってくる）にもよるので、一律に判断することはできません。しかし、たとえば100万円程度の資金を元に、レバレッジが2〜5倍程度でＦＸの短中期投資（スイングトレード）を行なっているのであれば、ドル円レートが2円下がる前に損切りをしておくべきだし、20万円の含み損を抱える前に売っておくべきだと思います。

　損が出たときに、人は「こんなに下がったから、もうそろそろ上

昇するはずだ」とか、「持ち続ければいつか上昇に転じ、元の値段に戻るはずだ」と考えます。そして、その考えを正当化する根拠を探すのです。「追認のバイアス」にどっぷり漬かってしまい、自分自身そのことにはまったく気づかないのです。

　この状況はヒューリスティックスのシミュレーションで説明できます。ヒューリスティックスのシミュレーションとは、人間が性として陥りやすい思考パターンで、「自分の都合よく理解しやすいようにシミュレーションしてしまう傾向」のことです。

　たとえば、ドルを売っているのにドル高となって含み損を抱えているときに、「アメリカの貿易赤字を考えればドル高がこれ以上進むはずがない」とか、「原油高はアメリカの経済にとってマイナス要因だからドル安になるはずだ」など、現在のドル高がこれ以上進まない理由を探し、現在の状況を正当化しようとするような行動をとることを指します。

　実際の相場においては、どのような時期であってもドル高になる要因も、ドル安になる要因も数多くあります。

　だから、不利な状況に追い込まれたときに、後づけの解説を加えるアナリストのように現状を説明したり、自分の都合のよい結論を導きだす論理はいくらでもつくれるわけです。

　こうした追認のバイアスは、誰でも陥りがちですが、とりわけ頭の良い人ほど陥りやすい落とし穴といえます。そして、最も始末が悪いのは、本人がそれを自覚していなかったり、それとなく自覚しているのに、意識的に眼をつぶろうとすることにあります。

それを避けるためには、合理的な判断によって「これ以上は容認すべきではない」とあらかじめ想定した一定の額の損失が出たら、機械的にロスカットを行なうことです。そのための技術的な手段が逆指値注文を前もって出しておくということなのです。これにより、人間の性に逆らうというきわめてむずかしい課題に対して、簡単かつ非常に有効に対応できます。私が前著において、「逆指値をどう使いこなすかこそが、ＦＸ投資における勝敗を左右する」と強調したのは、この点に理由があります。

　もちろん、何でもかんでも損切りすればいいというわけではありません。あとで詳しく解説しますが、損切りはあくまで、「仕掛けに対して合理的な理由がある水準」で行なうことが大切です。損切りの重要性が喧伝されるあまり、単に「含み損は気持ちわるい」とか「なんとなく嫌な感じがする」で行なって"損切り貧乏"になっている人もよく見かけます。そうではなく、どういう理由により、いつ、どれぐらいの水準になったら、このトレードは損切る、場合によってはドテンする（逆方向のトレードに転じる）という自分なりのシナリオをもたなければなりません。そして、それを必ず守らなければなりません。逆にいえば、そうしたシナリオを描けないうちは、仕掛けてはならないのです。

　次に、損小利大のもう一つの重要な要素である「利大」について考えてみましょう。
　１ドル100円で10万ドル買い、１ドル105円になった場合、みなさん

はどうするでしょうか。

　すでに、50万円も利益が出ているわけですから、普通の人は早くその利益を確定し、確実なものにしたいと考えます。つまり、1ドル103円になって利益が20万円減ってしまうことを恐れるのです。

　しかし、こうした局面での合理的な行動は、まださまざまなトレンド系の指標が上昇のサインを出し続けているなら、ドルを売らずにもち続ける、あるいはトレーリング・ストップなどによって買いのスタンスを持ち続け、利益を追求することです（一度利食った場合、トレンドが変わらない水準でのリバースポイントで再び買うことができればベストですが、そこまでの押し目とならない場合には、新高値を買うケースもあるでしょう）。

　もちろん、現在の1ドル105円が天井で、ドル安に転ずることがあるかもしれません。そのときは104円で利益確定のトレーリング・ストップを入れておき、40万円の利益を確定すればいいのです。

　大切なのは、10万円を儲け損なうことを惜しむのではなく、そのまま1ドル120円になるような大相場に進んだ場合に、大きな利益を獲得することを狙わなければならないということです。

　相場の勝ち負けは「勝率」で決まるものではありません。損失を限定し、利益を得られるチャンスは最大限に追求し、「トータルの利益額を増やす」ことこそが大切なのです。私の投資手法では、前著でも述べたとおりどんなに少なく見積もっても仕掛けの成功率で60％以上はありますが、手仕舞いまでの流れによって勝率は変わっ

てくると思います。しかし、極論すれば勝率は2割でも、損小利大を守っていれば利益は十分に出る可能性があるのです。

こうして考えてくると、あらかじめ利益目標を決めるようなやり方、たとえば1円で必ず利食って、しかも逆の場合は損切りしない（スワップポイントで含み損が埋まるのを待つ）といったものは、投資で勝つためのロジックとして合理的でないことだと気付くでしょう。

それでも大局的にみて相場が上昇しているあいだは（たとえばこ数年のAUドルやNZドルなど）、下げる局面があっても結果としてレートは戻ってきていますから、相当な勝率を残すことができているかもしれません。ただし、利益の額は限定的であるうえに、大局的な相場観がズレた場合には、破産する可能性が高いことは間違いありません。

また、高金利通貨ならばスワップがつくことによって含み損は埋まる、あるいは長期間もっていれば損益分岐点が下がるから大丈夫といった理屈も、先々の金利動向は不確実なものである以上、砂上の楼閣的な考え方であることはいうまでもありません。

4 勝率にこだわる

▶トレードの成否は勝率ではなく利益の大きさで決まる
▶したがって、勝率を上げるための塩漬けは本末転倒である
▶投資技術の運用も「利益の極大化」を目的にしなければならない

　前項でも少し触れましたが、投資をするに際して勝率がどれぐらいかにこだわる人をよくみかけます。

　「このやり方で8勝2敗だ」「最近ほとんど負けていない」といった自慢話はよくあります。しかし、そういう人に利益の額を聞いてみると大したことがなかったりします。

　つまり、小さな利益を毎回上げている（勝っている）一方で、負けトレードはなかなか認めず、なかなか決済しないために、負けトレード1回当たりの損失額を膨らませていたり、あるいは負けトレードについては塩漬けにして、含み損状態ではあるものの負けを確定させていないだけであったりします。

　これはまさに、損小利大に反する行為です。というより、勝率を

高めるために、損大利小をあえて行なっているのです。投資の目的は、勝ちの数を増やすことではなく、利益を上げることです。したがって、こうしたやり方は本末転倒なのです。

ちなみに、負けを出さないために塩漬けをすることは、利益を出さない資産を持ち続けることと同じで、ＲＯＡ（資産収益率）を下げることにほかなりません。だから、「切らなければいけない損」は早く確定し、より利益を生み出す投資対象にその資産を向けるほうが、トータルでみれば合理的な行動なのです。

こうした投資行動そのものの根本に関わる考え方は、当然のことながら投資技術の開発にも直結しています。にもかかわらず、抽象的だなどと、とかく軽視する方もいます。セミナーなどで話しているときにも、「それよりも早く具体的なテクニックを教えて欲しい」といった空気を感じることがあります。しかし、ここで取り上げている問題は、投資技術すなわちみなさんが大好きな「テクニカル指標をどう使うか」を判断する際にも、重要なポイントとなっているのです。

テクニカル指標とは、目的に合わせていかようにも使えるものです。勝率を重視するのか利益の額を重視するのかによって、使うテクニカル指標の種類も、設定するパラメータも、仕掛けと手仕舞いのサインをどうとらえるかも異なってきます。

たとえば、私の考え方は勝率にこだわらない、損小利大を狙うというものですから、テクニカル指標の用い方にしても、「小さな変化

をとらえるのではなく、大きな相場の動きをするときに確実にサインが点灯するようなものを採用する」という発想が基本となる、といった具合です。

　こうした意味においても、合理的な投資行動とは何かというところから、投資スキルの基礎を固めていくことが大切なのです。

5 何かが儲かるという話を聞くとやりたくなる

▶「人に聞いた話」を後追いして儲かることはほとんどない
▶投資において多数派が全員儲かることはありえないからだ
▶人真似ではなく、自分で学び、理解し、実践しなければならない

　儲け話に飛びつくのはよくありません。といっても、コツコツと働くのがいちばんだといった道徳の話ではありません。投資ノウハウを書いている人間からそんな説教はされたくないでしょうし、私もそういう話をするつもりはありません。

　もちろん、世の中うまい話に裏があることは多いし、そういった話は慎重に吟味しないと痛い目にあうことがあるのは事実ですが、ここで強調したいのは「多くの人が儲けた後に、その商品なり投資対象に飛び乗っても遅いことが多い」ということです。

　たとえば株であれば、ＩＰＯ（新規公開）が儲かるといううわさが広まるころには、もう儲けられなかったり、あるいは、ＩＰＯ株は購入できないことが多くなったのです。また、個別銘柄でいえば、

ある会社の好業績がマスコミで発表されるときには、すでに株価は高値になっており、発表と同時に買いついた人が株価急落で損することはよくあります。投資で成功するには「うわさで買って事実で売れ」とはよくいわれますが、それは経験則としても正しいように思います。

　長期的な視点に立って投資をするのであれば、「いま儲けているセクターや、そこに属する企業に投資する」といった行動はしないほうがいいでしょう。なぜなら、世の中は絶えず変化していて、企業一つとっても半世紀のあいだに好業績企業が様変わりしていることは確実だからです。

　こういう事象をＦＸに当てはめていえば、ＦＸがもっともっと一般化して、大新聞に「ＡＵドルやＮＺドルを買ったら資産運用に有利」といった記事が出るようになったら、注意したほうがいいといったところでしょう。ＦＸ投資を手がけるにあたって、大枠として心得ておいたほうがいいと思います。

　また、ここで述べている「何かが儲かるという話を聞くとやりたくなる」は間違った行動であるということは、次項で触れる「規律を守れるか否か」というきわめて大切な投資行動とも関係しています。相場というのは人間の欲望の塊が渦を巻いているようなところですから、「思うがまま」「流されるまま」「人にいわれるまま」に行動していては、絶対に勝てません。そういう意味では、この項目にイエスと答えた人は、相当に注意しなければなりません。

6 自分のやり方を変更するのに抵抗がある

▶無意味に頑固で保守的な人は投資にはまったく向いていない
▶自分のやり方、考え方がない人も投資で勝つことはできない
▶確固たる信念と規律をもちつつ、柔軟に対応することが大切だ

　「自分のやり方を変更するのに抵抗がある」という欠点は、先に挙げた「過去の体験にとらわれる傾向がある」という欠点と類似するテーマですが、少し異なります。
　過去に固執するという場合は、過去のデータを持ち出して、過去がこうであったから今後もこうなるといった判断に執着する場合を指します。これに対して、自己のやり方を変更するのに抵抗する人は、新しいやり方がいいか悪いかに関係なく、時には従来のやり方でうまくいっていなくても、新しいやり方に変更すること自体に抵抗感をもつのです。ひとことでいえば、無意味に頑固であるということです。
　こういうと「そんな人いるの?」という声も聞こえてきそうです

が、実は結構多いのです。しかも、従来のやり方に信念やこだわりをもっている場合はある程度理解できますが、とくに信念もこだわりもなく、とにかく「いままでこのやり方でやっている」とか、そもそも「新しいやり方をするのは面倒だ」という人が、驚くことに結構いるのです。よく考えてみると、みなさんの職場でも、思い当たる人はいるのではありませんか。

　私の経験からすると、こういう人は投資には向いていないと断言できます。なぜなら、いくらやっても勝てるようになる見込みはないからです。とはいえ、こういう人は自分がどういう人間かということにも無自覚な人が多いものです。いまこの本を読んでいる方で、自分はもしかしてそういうタイプの人間ではないかという自覚がある人がいるのなら、投資はスッパリやめるか、あるいは強く意識して考え方や行動を改めることが必要です。
　そのためには、積極的に新しい投資技術を本で読んだり、人から聞いたりする柔軟性をもつこと。かつ、その方法が本当にいい方法か必ず検証し、いい方法だと納得できるのであれば、それを自分の投資手法に組み入れていくという規律をもつことです。
　そうした結果、すばらしい投資のスタイルを確立したとしても、安心はできません。やがて外的環境が変化し、その手法が相場に適合しなくなったなら、またしてもそういった外的な変化に臨機応変に対応し、絶えず自己変革していかなければなりません。

とはいえ、漠然と「投資への取り組み方を変えろ」といわれても、つかみどころがなくて、むずかしいことでしょう。その場合は、自分の投資法を「具体的な形」（売買ルール）に落とし込んで、必要に応じてその売買ルールを変えたらいいのです。

私は、より合理的により安定した投資を行なうために、取引に際しては「自分に規律を課す」ことを勧めています。その究極の姿はシステムトレードです。

システムトレードといっても、注文そのものをパソコンが行なうようにするわけではありません。つまり、自分の投資哲学に裏打ちされた投資行動を、具体的な投資技術すなわち「テクニカル指標等を用いた売買ルールに結びつけたもの」をもてばいいのです。そして、その売買ルールを判断のよりどころとして、トレードに臨むのです。ちなみに、私が前著やこの本の後半で示しているＭＡＣＤなどを使った「投資判断の基準」というのも、投資という行為全体のなかでは、この投資技術、売買ルールの部分に位置づけられるものに過ぎません。したがって、表面的にそこだけをなぞって覚えてみても、実際の場面においては上手に使うことができないのです。

それはさておき、このように自分なりの売買ルールを確立し、それに従って売買を行なっていれば、その売買ルールが合理的なロジックに支えられている限り、売買ルールどおりに行動することは、プラスの利益を期待できる行動として担保されることになります。

もちろん、そうしたシステムトレードにおいても、一度つくった売買ルールが永遠というわけではありません。自分自身の投資スタ

ンスが中期から長期に変わったために違和感があるとか、相場つきが変わって売買ルールが相場にそぐわなくなってきたなどと判断すれば、その売買ルールを大胆に、時には完全に変更するぐらいの柔軟性と勇気が必要になります。

しかし、これは一面ではとても便利なことです。なぜなら、売買ルールという道具を変えることは、道具を使う自分自身を変えることよりも、ずっと具体的でわかりやすいからです。

いずれにしても、「相場は生き物であり変化する」という認識のもとに、投資技術は絶えず改善し続けなければなりません。勝つ確率が高い投資行動そのものは普遍的なものですが、投資技術に永遠のものはありえません。投資という世界における"錬金術"は時代とともに変化していくものなのです。

Chapter 3

「投資技術」ではなく「投資哲学」こそが大事

1 実践していなければ意味がない

▶相場で勝つための行動は言葉でいえばむずかしくない
▶聞けば、多くの人は「わかっている」とうなづく
▶しかし、大切なことはそれを本当に「実践」することである

　1章、2章において、負ける投資家の共通点についてスペースを割きながら、投資哲学に裏打ちされた投資行動のあり方、そして投資における心理的要因について考えてきましたが、賢明な読者のみなさんには、その反対の存在としての「勝てる投資家」が備えるべき資質のイメージが、かなり具体的に湧いてきているのではないでしょうか。

　勝てる投資家としての必要条件は、「負ける投資家の性質を理解し、意識的に自分の行動をコントロールできること」となります。

　つまり、
① 現状からの大きな変化も想定し対処する柔軟性をもつ
② 過去の経験に固執しない／すべてのことは絶えず変化するとい

う認識をもつ
③　損小利大を実行する
④　勝率にこだわらず、利益額にこだわる
⑤　人が儲ける前あるいは儲け始めたときに投資をして、人が儲けたものに安易に飛びつかない
⑥　自分のやり方を臨機応変に変える／絶えず自己変革をする意識をもつ

という資質を備えていることです。

　上のような説明をすると「そんなことはわかっている。当たり前のことを言うな」と憤慨する人がいるかもしれません。
　しかし、そのような人は本当に自分が上記の内容を確実に実践しているか自問自答してみてほしいのです。
　知っているだけで、実行していないのではありませんか。当然のことながら、知っていることと実践することには大きな隔たりがあります。
　仮に上記のことを理解し、納得していただけるなら、すぐに実践してみてください。そうすれば為替のみならず、株や先物などさまざまな投資成績が安定するはずです。
　また、上のような考え方の欠点を探そうとばかりする人もいるかもしれません。
　さまざまな意見について、それを鵜呑みにするのではなく、その方法の問題点を考えることは大事なことです。しかし、批判するだ

けの批評家になってはいけません。問題点を考え、それを改善する方法を考えるところまで、踏み込んで考える姿勢をもつことが必要です。私たちは、実際に自分のお金でリスクをとって、投資を実践しなければならないのです。批判だけする投資家は、成長しません。経済評論家や経済学者は必ずしもよい投資家ではないのです。

2 「運」と「確率」を分けて理解しなければならない

- ▶運がよければ、ダメなやり方でも儲かることがある
- ▶運が悪ければ、よいやり方でも儲からないことがある
- ▶大切なことは「運」と「確率」を区別して理解することだ

　投資成果の長期的な結果は、いかに「勝つ確率の高い、合理的な行動をするか」であり、そのためにはしっかりとした投資哲学に裏打ちされた投資行動を身につけるとともに、それを具体化するための投資技術を学ぶことが大切だと述べてきました。

　しかし、実をいえば、勝つ確率の低い投資行動・投資技術で相場に臨んでも、運（時代や状況）がよければ利益を上げられることもあるし、勝つ確率の高い投資行動・投資技術で相場に臨んでも運が悪ければ利益を上げられないこともあります。

　それは、勝つ確率の大きさが運によって変わるからです。たとえば、企業の資産価値に注目したバリュー投資を株式の投資技術として選んだ場合、近年のように企業のM&Aが重視されるときにはそ

の成功度は上がるでしょうし、そうではなく、企業の利益に注目するグロース投資のほうが有効な時期もあります。

為替相場でも、円安が進行するときには、どのような投資技術を用いていても基本的に「外貨の買い」のスタンスでいれば成功するといった事態が起こりうるのです。

なぜなら、上昇相場では、多くの投資技術の的中度が、見かけ上、上がるからです（逆に下降相場では、多くの投資技術の的中度が、見かけ上、下がることになります）。そして、それにより投資行動の非合理的な部分がカバーされてしまうのです。

普段、その人の投資技術の精度が２割であったと仮定します。上げ相場では、その精度が上がるので４割になったとします。４割といえば、実はコイントスで売買判断を選んだほうが精度が高く、むしろ買いのサインの出現時に逆に売ったほうがうまくいくということを意味しています。こんな投資技術を用いているということは、客観的にみれば、とても「勝つ確率の高い行動」とはいえません。

それが、たまたま運がよいと、どういう結果を生むのでしょうか。ここでは話を簡単にするために株式を購入し、売った額の全額を次の投資にまわすと仮定します。

まず、４割という低い確率の投資技術による売買が２回連続して成功する確率は$0.4 \times 0.4 = 0.16$で16％あります。７回連続してたまたま成功する確率は0.4の７乗で0.16384％です。これは約610回に１回、

そういうことが確率的に起こりうるということです。株式市場の参加者は何百万、何千万人といるので、このやり方であったとしても7回連続で上昇銘柄を当てられる人が1万人前後は存在するということに計算上なります。

日経平均はここ数年で、7000円台から1万3000円台まで、約1.5倍上昇しましたが、その間に個別銘柄をみると、もっと短期間に1.5倍程度は上昇したものが数多くありました。1万人のなかで運よく1.5倍上昇する銘柄を選び続けた人は、確率的にかなり低いとはいえ何人かは存在したはずです。

その結果、前述の4割という投資技術をもつ人でも、ここ数年のあいだに1.5の7乗＝約17倍に資産を増やすことができたわけです。これは600万円の元手を1億円にできたことを意味します。たとえ、無茶なレバレッジをかけたり、損切りをおろそかにしていたとしても、問題は生じなかったかもしれません。というより、運がよいときには、むしろ無茶なレバレッジをかけたり、損切りをしないといった"度胸のある投資家"が、よりたくさんの利益を生むことになります。これは投資というより博打かもしれません。

いずれにしても、4割の手法を用いても日本のどこかには上昇相場の波に乗って1億円も受け取れる人が存在するということが確率的に起こりうるわけです。

当の本人は自分が運が良かったからだとは夢にも思わないでしょう。7回も連続で成功すれば、偶然ではなく必然と考えるほうが自然です。

しかし、こういった運のよい投資家も相場の地合いが悪くなれば、投資技術の精度は4割どころか2割、あるいはそれ以下になります。そして、すべてが逆回転し始めます。さて、どうなるでしょうか。同様の投資行動、投資技術で相場に参加し続ければ続けるほど負けが込んで、結局は資産を失う可能性が高いのです。

 結論をいえば、ある時期に相場に勝てても、その利益が「勝つ確率が高い合理的な行動」ではなく「運」に依存している部分が大きければ、相場を長く続ければ続けるほど負けることになる、ということです。

 株式投資において、バブルのピーク時に大きな借金をして勝負に出て、やがて大きな損をした人はこのタイプの人です。当時は資産価値が上昇し、株式投資がゼロサムゲームではなくプラスサムゲームになった結果、多くの人が自分の投資手法に絶対の自信をもちました。私の周囲にも「証券会社にお金を置いて、株を買っておけば、勝手にどんどん増える」と豪語していた人がいたものです。そういう人の多くは、投資哲学に裏打ちされた投資行動はもちろん、投資技術すら勉強せず、単に何でもいいから投資をすれば（銘柄をもっていれば）常に儲かると考えていただけなのです。

 「自分が勝てたのは運の要素が大きくて、本来の確率以上の勝利を上げたのだ」と冷静に判断できたならば、勝ち逃げをすることもできたかもしれません。あるいは、稼いだお金の全額ではなく一部のみを再投資に回し、残りの利益を永遠に確定することもできたか

もしれませんが、いまとなっては後の祭りです。

　したがって、投資においては、やはり運まかせではなく、勝つ確率の高い合理的な行動を続けられる人が成功する可能性が高いということになります。一般に抱かれているイメージからしても当然の結論なので、あまり驚きはしないかもしれませんが、ここで強調したいのは、少なくとも「運」と「確率」をきちんと分けて理解しておかなければならないということです。

3 「精度の高い投資技術＝勝つ確率の高い投資行動」ではない

- ▶ 9割の勝率をもつ「投資技術」でも"確実"ではない
- ▶ 1割の負けですべてを失う可能性もある
- ▶ 「投資行動」によって「投資技術」を制御しなければならない

　たとえば、9割の確率で利益を上げることのできる天才的な投資家がいたとします。この人が100万円を元手に1億円を稼ぎました。そしてさらに次の投資で1億円のお金を元手にレバレッジを20倍にして1ドル100円で20億円分のドルを買ったとします。

　しかし、彼が1割の確率で負けるときが、まさにその大きな投資のときに訪れたとします。1ドル100円が95円、つまり5％低下すると、レバレッジが20倍なので損失は5％×20倍で100％となります。

　つまり全額を失ってしまうのです。

　これは、極端な例かもしれませんが、勝率8割の人でも3回連続して負ける可能性は、0.2×0.2×0.2＝0.008、つまり、0.8％の確率で負けるのです。125回に1回は、勝率8割の驚異的な投資家も3回連

続で負けてしまうのです。もちろん、125回のうちでその1回がいつ訪れるかはわかりません。まだ資金のない、いちばん最初に訪れるかもしれませんし、125回目に訪れるかもしれません。当然、3回連続で負けるとかなりの資金を失うことになります。

　真偽のほどは定かではありませんが、私が尊敬する著名なテクニカリストのウィリアム・D・ギャンも、相場で財産の大部分を失い、晩年は講演で生活をしていたという話です。相場というのは何が起こるかわからない世界なのです。

　高い投資技術をもっているにもかかわらず、なぜ結果として負けてしまったのでしょうか。この場合は、適切な損切りができなかったこと、そして最悪の事態が起こる確率も考えて資金のマージンをもった投資を行なっていなかったことに原因があります。いくら精度の高い投資技術をもっていても、全体として勝つ確率の高い投資行動にはなっていなかったということです。

　しかし、だからといって、常に少しの資金しか投資に回していなければ、投資効率は微々たるものにしかなりませんから、これまた勝つ確率の高い投資行動とはいえません。むずかしいことですが、状況により、バランスを考えながら対応することが不可欠なのです。

　たとえば、セミナーなどでよく「どれだけのレバレッジをかけたらよいですか」といった質問を受けます。一見とてもカンタンな質問ですが、これは投資の本質に深く関わる問題で、その答えは千差万別としかいいようがありません。

　ＦＸ投資に使う資金はどれぐらいなのか、それは資産全体のどれ

ぐらいなのか、ここまでの収益はどれぐらいか、その何割を次の投資の保証金として再投資するのか（再投資率）、そもそもどういう目的で投資をしたいのか、リスクはどれぐらいとるつもりがあるのか、短期のスタンスなのか長期のスタンスなのか、いま現れている売買のサインはどれぐらいの強さなのか、それで仕掛ける場合に適切な損切りラインはどこに置けるのか、そこまでの値幅はいくらか…などなど、すべてを一体のものとして考えなければならないのです。

　もちろん、仕掛けるたびに考えるのではなく、常にこういうことを考え、答えを出しておかなければなりません。こうした一連の行為をすべて合わせて、投資哲学に裏打ちされた投資行動が形づくられているのです。

　とにかく、本当に強調していいたいのは、投資の成功の如何は、投資技術の良し悪しではなく、投資哲学に裏打ちされた投資行動の良し悪しによって決まるということです。投資技術というのは、投資行動の一部に過ぎないのです。

　実は私が前著を書いていちばんよかったと思ったことは、「田平さんのテクニカル指標の使い方は面白いですね」といった反応ではなく、「損切りって大切なんですね」といった類の反応が多かったことでした。私の本を読んで、投資技術だけではなく、投資哲学に裏打ちされた投資行動の大切さに気付き、あるいは人間の心理面の弱さを自覚することにより、投資の世界で一人でも多くの成功者が出現してくれれば、これほどうれしいことはないからです。

Chapter
4

「投資技術」とは何か？

1 効率的市場仮説はあり得ない

▶市場とその参加者は完全に合理的な存在ではない
▶したがって市場のすべてがランダムウォークではありえない
▶だからこそ投資技術によって意図的に収益を得ることができる

　効率的市場仮説という言葉をご存知でしょうか。またの名をランダムウォーク理論ともいい、提唱者はノーベル経済学賞も受賞しています。

　その意味は「重要な情報は一瞬で市場参加者に伝わり、そのときの為替レートや株価は市場の情報をすべて盛り込んでいるため、価格に特定の方向性は出ない。すなわち、価格は常にランダムに動く」というものです。

　実際、コンピュータでランダムな数値を発生させてグラフを描くと、チャートでよく見かけるトレンドラインやダブルトップなど、テクニカル分析に出てくるような形が現れることがあります。つまり、チャートの動きは特別な意味をもっているわけではなく、すべ

てランダムなものだというわけです。

　株価や為替レートがランダムに動くのであれば、テクニカル指標やファンダメンタルな指標を用いて方向性を測定したりすることはまったく意味がないということになります。ウォーレン・バフェットもジョージ・ソロスも、あるいはリチャード・デニスもただただ運のよい投資家ということになります。

　株価や為替レートがランダムウォークなのかトレンドが形成されるものなのかは、まだ、議論に決着がついていません。しかし、私は、株価や為替レートは、ある程度ランダムウォークであることも事実としても、場合によっては一定のトレンドを形成することもあると考えています。だから、こそ一生懸命研究し、実践しながらこの本を書いているわけです。

　効率的市場仮説はそもそも株価の推移を無理やり線形モデルに当てはめようとする試みで（経済学では仮定条件をつけて理論を構築することが多いのです）、株価の推移を非線形モデルに当てはめれば当然にトレンドが認められるのです。それにそもそも、常識で考えれば、現実社会において「情報が一瞬で伝わる」ことが普通だとは思えません。

　ある企業の業績がよいことは、その会社の材料を仕入れている人など関係者にまず伝わります。そして、手厚いＩＲを受けることができる機関投資家に伝わり、一般の個人投資家などに伝わるのは最後のことです。情報のタイムラグは確実に存在するのです。

そして、トレンドがトレンドを生む、というように、個々の投資家の動きそのもの（合理的である場合もあれば、そうでない場合もある）が、相場全体の動きに与える影響力は無視できないほど大きいのです。

　たとえば、アメリカの消費者物価の上昇という同じ材料でも反応の仕方はさまざまです。ある材料に対する合理的行動や評価は、受け取る人によって異なるし、時間とともに変化します。外国人投資家とインデックスを指標にしている機関投資家と個人投資家の投資行動はまったく異なります。為替市場でいえば、差益を狙っている人ばかりではなく、海外旅行者や国際企業のように、他の目的で通貨を売買している参加者もいます。また、同じ個人投資家でも、合理的で相場が上手な人もいれば、非合理的な動きしかできない人もいます。

　タイムラグがあることと、それぞれの市場参加者の反応が千差万別であることだけを考えても、「一瞬ですべての投資家が合理的な判断をする」という効率的市場仮説は正しくないのです。

　したがって、これから書くことはすべて、「為替レートはランダムにばかり動くものではない」という前提のもと、一連の行動（投資技術）によって意図的に収益を得ることは可能であるという立場で書いていることを、まずは理解しておいてください。

2　FX投資で儲けるための「投資技術」

- ▶勝つための合理的な投資行動を規律化したものが投資技術である
- ▶「投資対象の選択、投資鉄則7か条、休むも相場」には深い意味がある
- ▶「売買サイン」だけが投資技術だと考えてはいけない

　1～3章までで、投資で勝つためには「勝つ確率が高い投資行動」が不可欠だと書きました。これは投資で儲けるために具体的に何をどうすればいいのかというアイデアを発想するベースとなる原理原則です。もちろん、この前提として、なぜ投資をするのか、何のために、どうやって、どれぐらい儲けたいのか、といった自分なりの「投資哲学」があるわけです。そもそも儲けたくない人とか、あるいは投資ではなく事業や商売で儲けたいという人にとっては、「勝つ確率が高い投資行動」を行なう必要などないわけですから、当然です。
　次に、「勝つ確率が高い投資行動」というのは、それだけではお金を生んでくれませんから、何を、いつ、どうやって、買ったり売ったりすればいいのか、というアイデアを「投資技術」としてまとめ、

さらにそれを「具体的なアクション」として、反復して実行する必要があるわけです。

　以下に述べるのは、前著でも触れた、ＦＸ投資で儲けるために私がまとめたアイデア（投資技術）です。非常に大切なことなので、ここで再掲します。

〈投資技術〉
- 投資対象の選択
- 投資鉄則（ルール）７か条
　①投資は余裕資金で
　②３勝２敗で勝てる
　③損失を限定するためにロスカットを徹底
　④スワップ狙いで勝つ
　⑤順張りで勝つ
　⑥２つの統計的分析（テクニカル分析）手法を活用
　⑦チャートをみる
- 休むも相場

　投資対象の選択については、この本では短中期の外貨投資（ＦＸ投資）の有利さをメインに据えていますが、私自身はＦＸ投資のほかにも、株の個別銘柄、株価指数先物取引なども手がけています。投資期間もデイトレードから長期投資までさまざまです。ＦＸなのか株なのか先物なのか、投資対象や投資期間に応じて、投資技術は

異なってきますから、注意してください。なぜいまＦＸ投資が有利なのか、具体的にどの通貨を選んでトレードしたら有利なのかについては、後ほど詳しく解説します。

投資鉄則の①「投資は余裕資金で」は、なぜ必要なのでしょうか。これは人間のもつ心理的要因とも深く関係しています。

余裕資金とは、おこづかいなど文字どおり余裕資金そのものを指すこともあるし、心理的要因を克服するために心の余裕がもてる投資を行ないなさいという意味もあります。たとえば、不要不急のお金が1000万円ある人でも、10万円の損は精神的に耐え難いという人にとっては、1000万円は余裕資金とはいえませんから、全額をＦＸ投資に回してはいけません。なぜなら、1000万円をベースに投資すれば、たとえレバレッジ１倍であったとしても、10万円程度マイナスになるのは、あっという間だからです。

その意味では、この鉄則はみなさんがよく疑問をもたれるレバレッジのかけ方とも関わってきます

ＦＸ投資では高いレバレッジを用いることができるため、少ないお金（保証金）を効率的に運用することができることが、大きなメリットです。しかし、だからといって限度いっぱいのレバレッジをかけて相場を張ると、まず間違いなく負けます。もちろんこれは、合理的な仕掛けや手仕舞いをしても必ず生じうる"必要負け"のことではありません。本来は勝てる勝負なのに、負けてしまうことを指します。なぜなら、精神的な余裕のないトレードは、冷静な判断、

言い換えれば、合理的な判断を曇らせるからです。

　私自身は実際の投資では、後で解説する種々の状況から判断した「自分の確信度合い」に応じて、かつ必要なロスカットは確実に行なうという前提のうえで、レバレッジを10倍から20倍にすることもあります。しかし、一般的な初〜中級者であれば5倍程度が目安だと思います。

　もちろん、絶対額の問題もあります。保証金が10万円という人なら、レバレッジ20倍の投資を行なって強制決済にあったとしても、しばらく働いたら取り戻すことができるでしょう。しかし、保証金が3000万円の人が同様のことをして強制決済にあったら、痛手はかなりのものです。

　いずれにせよ、自分にとっての「余裕資金」、合理的な判断を下すことができる、無理のない範囲内で投資することが大切なのです。

　②「3勝2敗で勝てる」と③「損失を限定するためにロスカットを徹底」の大切さは2章でも述べました。3勝2敗というのは、3－2＝1で1回多く勝とう、ということではなく、すべての仕掛けで勝てなくとも（当然のことですが）、ロスカットを徹底することによって損小利大を図ればトータルでは勝つことができるという意味です。本来なら5勝5敗でも2勝3敗でも損小利大を実行すれば相場に勝つことはできますが、⑥「2つの統計的分析手法を活用」と⑦「チャートをみる」のやり方であれば仕掛けの精度は6割以上には上がるでしょう。勝率と損小利大は表裏一体のものではありま

すが、どちらを優先するのかといわれれば、後者を優先すべきことはいうまでもありません。

その意味では、この②「3勝2敗で勝てる」と③「損失を限定するためにロスカットを徹底」は、まさに勝つ確率の高い投資行動と直結した投資哲学に通じるものでもあります。そして、この考え方を物差しとして、後で触れるテクニカル指標の選び方、サインの見方、利食いの仕方、損切りの仕方など、具体的なアクションをどう行なうかが決まるのです。

④「スワップ狙いで勝つ」は投資対象の選択とも関連していますが、ＦＸ投資においては、利益の期待値を上げるという面から、有利な戦いをするためにはよりベターな選択肢であるという意味で挙げているものです。したがって絶対というわけではなく、場合によっては外貨の売りから入って、スワップは狙わないこともありえます。

なぜ、よりベターなのかといえば、現状の日本の低金利政策と資源国の高金利が続く限りは最も安定して利益を上げる可能性が高い手法であることは間違いないからです。

たとえば不動産投資と比較すれば、そのありがたみがわかるのではないでしょうか。不動産投資のためには大きな資金を投入するために借金をして金利を支払うのがふつうですが、ＦＸで高金利の通貨を買うに際しては、金利を払って借金をするどころか、逆に自己資金の何倍ものお金を金利を受け取りながら運用できるのです。そ

のうえ、不動産ならば10年後には建物の不動産価格が確実に減少する（キャピタルロスがある）のに対し、ＦＸでは為替差損（キャピタルロス）になるか為替差益（キャピタルゲイン）になるかは、基本的に五分五分なのです。

　ちなみに、そういう観点からすると、最近流行の「サラリーマン大家さん」は、私はとても手がける気にはなりません。利回りがいいというのがセールス文句ですが、建物のキャピタルロスに加えて、空室や家賃の不払いのリスクもあります。ＦＸでは家賃にあたるスワップをもらえないようなことは、しっかりとした取引会社を選んでいる限り、まずありません。そして転売のときに生じる手数料もＦＸではきわめて安く、物件を売れないリスク（流動性の低さ）もほとんど気にしなくていいのに対して、不動産では手数料が高くつくうえ、転売するのもボタンをクリックすればいいというわけにはいかず、大変だからです。

　⑤「順張りで勝つ」はトレンドが続きやすいＦＸ投資においてはとくに有効です。私は株式投資では逆張りをすることもかなりありますが、ＦＸ投資においては上昇トレンドや下降トレンドに乗って利益を追っていく（利大）というやり方をしたほうがカンタンなのです。そして、この考え方も、次に挙げる⑥、⑦に大きく影響する大切な視点です。

　さて、⑥「２つの統計的分析手法を活用」と⑦「チャートをみる」

は、みなさんの関心がいちばん高い部分でしょう。どの指標を使うか、どう読むか、いつ仕掛けて、いつ手仕舞うかというのはいわば投資技術の"華"です。セミナーやメールでいただくご質問も、その多くはここに関するものです。詳しくは5章以下で解説していきますが、くれぐれもその基本に、②「3勝2敗で勝てる」、③「損失を限定するためにロスカットを徹底」、⑤「順張りで勝つ」の考え方があるということをしっかりと覚えておいてください。

　最後に、「休むも相場」とは古くから言い伝えられている投資の格言ですが、これはとても大切なことです。かのウォーレン・バフェットも「わからない相場には近づかない」と、同様の趣旨のことを述べています。なぜでしょうか。それは、わからないということは勝つ期待値が低いということだからです。
　相場つきは常に同じわけではありません。等しく勝てそうなときでも、かなり高い確率で勝てそうなときと、ギリギリで勝てそうなときがあります。あるいは、大差で勝てそうなときと、僅差で勝てそうなときもあるでしょう。これは、わかる（＝確信度が高い）、よくわからない（＝確信度が低い）の違いです（確信が「当たる」かどうかは、あくまで結果論ですが、ここでは期待値について話しています）。
　そうであれば、よくわからないときには相場に参加しないというアクションは、それを反復することで、勝率を高めるにも、大きく勝つ（利大）ためにも、また、損失を抑える（損小）ためにも必要

不可欠です。

　また、相場には、上がるトレンド、下がるトレンド、横ばい（もち合い）のトレンドがあります。上げるか下げるかがよくわからないということは、横ばい（もち合い）になる可能性も高いということです。横ばい（もち合い）のときにはどうしたらいいでしょうか。ＦＸで長期投資を念頭に置いている場合は、外貨の買い持ちにしてスワップを取るという考え方もあります。一方、中短期投資で差益を狙う場合には、勝つ期待値が低い以上、新規の参戦はしないで休んでいたほうがいいでしょう。

3 投資対象の選択 なぜいま「外貨」か？

▶ポートフォリオ理論によればリスクは分散しなければならない
▶大局的にみて円建て資産には価値下落のリスクがある
▶いま外貨投資（FX）を行なうことにはリスク分散の大義がある

　ポートフォリオ理論では、リスクを分散し、利益を最大限上げる方法を計算で算出します。この理論を最も単純に説明するならば、「ひとつのかごに卵を盛るな」ということです。
　一つの投資対象にすべての資金をつぎ込むとその投資対象が暴落したときに大きなリスクを受けることになる、ということはよく理解されていることです。だから、いくつかの口座に分けて銀行預金をしたり、不動産をもったり、株式をもったりします。しかしそれでも、すべて円だけの資産でもっていれば、世界的な視野でみて、ひとつのかごに卵を盛っていることには変わりありません。つまり、円だけに投資しているというハイリスクな状態なのです。
　グローバル化が進む現代では、円の価値の低下は、輸入インフレ

につながります。また、来るべき超高齢化社会での日本の貯蓄率の低下や外貨準備高の減少は、日本経済の低迷や円安へのリスクファクターともいえます。当然、破綻が喧伝されている日本の財政状況もインフレのリスク要因です。

　そもそも、このような状況下では、円だけの資産をもっていること自体が非常に危険なことといえるでしょう。世界的な視野でみれば、仮に円安やインフレが起こる確率が半々だと考えるにしても、日本の銀行に元本保証の円定期預金をもっていることもまた、リスク資産に集中投資していることになるわけです。

　外貨投資には為替レートの変動リスクがあるといわれますが、通貨を分散せずに円だけでもっていることもまた、大きな為替レートの変動リスクを抱えているという認識が必要なのです。本当にリスクをとりたくないならば逆に、資産の1割から2割は外貨をもつことが必要だといえるでしょう。

　まして現状においては、外貨の金利のほうが高く、ＦＸの外貨買いでも確実にスワップが手に入るのです。そうした意味からも、いま投資対象としてＦＸを選ぶことには合理的な理由があります。

4 投資対象の選択 どの通貨に投資するか？

▶ 勝率が5割以上、損小利大なら投資で確実に勝つことができる
▶ さらに手数料を上回る金利があれば、有利な戦いができる
▶ よって「高金利通貨の買い」を基本戦術にすれば儲けやすい

　さて、外貨に投資すべきである、そして外貨に投資をするのであれば、銀行の外貨預金よりも圧倒的に有利で使い勝手もよいＦＸにするべきである、ということまではわかりました。
　では、どこかのＦＸ取引会社に口座を開いて、まずはどの通貨を選んだらよいのでしょうか。
　もちろん、長期で持つのか、短中期で差益も積極的に狙うのか、デイトレードなのかなど、投資スタイルにも関係しますが、基本的には「スワップの高い通貨を買う」という方法を選ぶことが利益を上げるための合理的な選択になります。
　次ページの図はＦＸ投資において、スワップの高い通貨を買い、勝率を5割以上に上げ、さらに損失を小さく、利益を大きくした場

Diagram 4.1　FX投資技術のストラテジー

▼手数料を上回る利子あり、勝率5割以上、利益を大きく、損失を小さくする場合

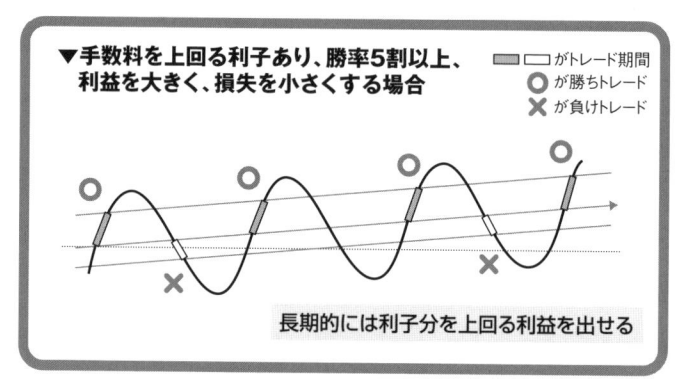

　　　　　　　がトレード期間
○　が勝ちトレード
✕　が負けトレード

長期的には利子分を上回る利益を出せる

（投資における利益と損失のイメージ）

▼手数料ゼロ、勝率5割、利食い幅とロスカット幅が同じ場合

長期的には±0

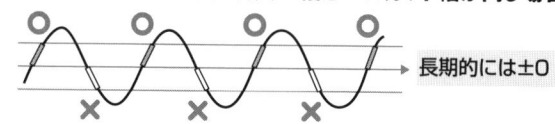

▼手数料あり、勝率5割、利食い幅とロスカット幅が同じ場合

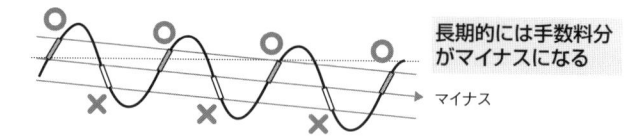

長期的には手数料分がマイナスになる

マイナス

▼手数料を上回る利子あり、勝率5割、利食い幅とロスカット幅が同じ場合

プラス

長期的には利子分がプラスになる

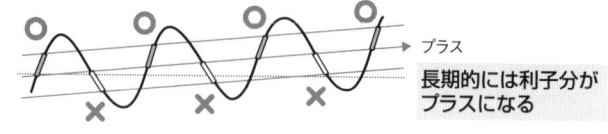

合に投資成果がどのように上がるかというイメージです。基本的なロジックとして儲けやすい構造になっていることがわかると思います。

したがって、現状であれば、やはり金利の高いＮＺドル、ＡＵドル、あるいは最近金利が上昇傾向にあり、世界の機軸通貨でもあるドルを中心に考えるのがいいと思います。

ちなみに、デイトレードやそれに準ずる超短期トレードをするのであれば、通貨のボラティリィティが高いものが向いています。その際はスワップにはあまり注意を払う必要もありませんから、ポンドも選択肢としていいでしょう。もちろん、買いだけではなく、売りを行なうことも必要になります。

ところで、いくつかの通貨のポジションを同時にもつ場合は、通貨の特性とととともに、それぞれの相関関係（似たような動きをするかどうか）を知っておくことが不可欠です。

ポートフォリオ理論に則って資産を分散する場合、その分散割合はそれぞれの通貨の相関係数によって変わってきます。

たとえば、ＮＺドルとＡＵドルは相関関係が高い（相関係数が高い）ので、別の通貨だという理由だけで２つの通貨に分散投資しても、ほとんど意味がありません。なぜなら、ＮＺドルが下がればＡＵドルも下がることが多く、「同じかごに卵を入れた」状況に近くなるからです。

むしろ、正の相関であることを利用して、２つの通貨の動きに差

が出たときに、上がっていないほうの通貨を買い、上がりすぎの通貨を売るという手法も考えられます。

　たとえば、ＮＺドルが70円から77円まで10％上昇したのに、ＡＵドルが80円から２円ぐらいしか動かないときは、ＡＵドルを買うか、上がりすぎのＮＺドルを売るか、その両方を行なうかという方法です。こうした場合、経験からいうと、強く上昇しているＮＺドルは上昇トレンドにあるとも考えられ、ＮＺドルを売るのではなく、ＡＵドルを買うほうが成功することが多くなります。

　注意しなければならないのは、何らかの大きなファンダメンタル要因で通貨が動いた場合は、この限りでないということです。とくに大きなテーマやニュースもなく、あくまで、需給関係で２つの通貨の差が出たときに有効な方法だといえます。

　一方、ユーロとドルは基本的に負の相関になることが多い組み合わせです。円に対してドルが上がれば、逆に円に対してユーロが下がることが多いのです。こうした負の相関にある通貨に対して、両方とも同じ方向のポジションをもつことは為替変動に対するリスクヘッジとなります。

　話を簡単にするために、たとえば、ドルが円に対して５％上昇すれば、ユーロが同５％減少するとしましょう。ドル高ユーロ安です。そのときに両方の通貨を対円で買い持ちにしていれば、ドルで利益を上げ、ユーロで損失が出ることになります。結果的に為替差益と差損を相殺しながら、両方の通貨を対円で買い持ちしていることに

よるスワップを受け取ることができるので、その分の利益を上げられることになります。

　現実には、このように完全な負の相関になることはありません。円に対してすべての通貨が上昇あるいは下降したり、ドルとユーロの円に対する変化率が異なっていたりするため（ユーロ／ドルの為替レートの推移がまさにそれに当たります）、そうそううまくはいきません。ただ、負の相関にある通貨を分散してもつことにより、ある程度リスクを減少させられる可能性があることは、知っておいて損はありません。

　ちなみに、ドル／円でドルを売り、ユーロ／円でユーロを買い、ユーロ／ドルでユーロを売ったら、どうなるでしょうか。こうすると３つの通貨の為替レートの変化に対しては、世界中の為替市場においてほぼ完全な裁定取引が瞬時に行なわれる結果、"三すくみ"状態で、リスクフリーとなります。そして、たとえば外為どっとコムの場合（10月8日現在）だと、それぞれ１万通貨単位につき、ドル／円のスワップが－121円、ユーロ／円のスワップが＋77円、ユーロ／ドルのスワップが＋55円ですから、差し引き＋11円となります。リスクなしで毎日11円ですが、よく考えたら、これでは完全に手数料負けです。

　しかし、これこそが為替市場なのです。おいしいスキマやマジックのような取引は、まずないのです。そして、リターンを狙うならば、相応のリスクはとらなければならないということです。

この項の最後に、今後、外貨の買いを基本スタンスとしてＦＸ投資を行なうには、中国元の切り上げ問題はリスクファクターとして無視できないと思いますので、私見を述べさせていただきます。

　2005年7月にはすでに管理型変動相場制への移行が行なわれ、ほんのわずかだけ元の対ドルレートが切り上がりました。しかし、経常赤字が増大する現状では、アメリカが最大の貿易相手国である中国への圧力をますます強めることは間違いありません。

　そこで問題となるのは、通貨市場では元の対ドルレートの上昇はアジア通貨（とくに日本円）の対ドルレートの上昇と同列にみなされていることです。そのせいで、管理型変動相場制への移行が発表された晩も、大きな円高に振れたことは記憶に新しいところです。

　その流れからすると、将来、元の対ドルレートがさらに上昇すると、それに近い割合で円もドルに対して上昇する可能性が高いと思われます。

　その理由はさまざまなレポートでも見解が一致せず、明確な理由は見つけられないのですが、いちばんの理由は市場参加者がみんなそのように考えているということでしょう。

　ただし、それがいつなのか、どれぐらいなのかは、誰にも予想できません。だからといって外貨の買いから入る投資スタンスを変えたり、投資そのものを見送る必要があるとは、少なくとも私は考えていません。したがって、そういうリスク（ファンダメンタル的なテーマ）があるということを認識して、それに関連する情報、ニュースに注意を払いながら取り組んでおけば十分でしょう。

Chapter 5

テクニカル分析
（統計的分析）
指標の意義と限界

1 ファンダメンタル指標と合わせて「強さ」をみる

▶ファンダメンタルズは為替レートの基本的な方向性をつくる
▶テクニカルと合わせて判断し、サインの精度を高めることができる
▶判断に際しては、タイムラグ、スケール、変化率に注意が必要だ

　前著では、売買の判断は基本的にテクニカル分析（統計的分析）手法で十分と書きました。実際、それだけでも十分に勝つことはできますし、あまり研究に時間をかけず、効率的に儲けたいという人は、それでも大丈夫です。

　しかし、どうせＦＸ投資をするならば、もっと勉強もして納得がいくトレードをしたいという人は、ファンダメンタル（経済の基礎的条件）分析についても、要点だけは知っておいたほうがいいでしょう。とはいえ、私たちは経済学者を目指すわけではありませんし、ファンダメンタルズをあまり突き詰めて考えると、発表される経済統計にいたずらに振り回されたりして、逆効果です。あくまで必要十分な範囲で、要領よくやりましょう。

当然のことながら、為替レートがどう変動するかに関して、ファンダメンタル指標にはテクニカル指標と同等以上の意味があります。中長期投資であればなおさらです。為替は長期的にはファンダメンタルズ、実体経済に相関するからです。

　ファンダメンタル指標がきっかけでトレンドが発生することも多いし、むしろ大きなトレンドというのはテクニカル指標（需給の力関係）よりもファンダメンタル指標をきっかけに形づくられるものです。

　したがって、為替相場がある方向に動いたときには、特段大きな要因はなく需給の力関係（テクニカル要因）だけで動いたのか（後付け講釈のファンダメンタル的な説明は気にしないほうがいい）、あるいは、本当に意味のある大きなファンダメンタル的なインパクト（たとえば、戦争やドル安方針をアメリカが表明したなど）があって動いたのかを、よく考えたほうがいいのです。

　需給の力関係（たとえば売られ過ぎ・買われ過ぎ、買われるから買う・売られるから売る、テクニカル的な節目の突破など）で相場が動くときは、ある程度の変動で調整が入ったり、テクニカル的に影響されやすいこともありますが、大きな意味をもつファンダメンタル的な要因によって加速された相場は、テクニカルなど関係なく大きな変動を起こす可能性があるからです。

　したがって、ファンダメンタル指標によって裏付けされた上昇のときは、長期にトレンドが継続する可能性が強いため、とことんトレンドに追従する姿勢がより必要であり、利を追いかけていかなけ

ればなりません。

　以上をまとめていえば、「ファンダメンタル的な要因だけで相場の方向性を予測するのは困難であるが、ファンダメンタル的な要因で発生したトレンド（これは当然、テクニカル指標にも現れます）は需給の力関係（テクニカル）によるトレンドよりエネルギーが高い」ということです。

　実際の対応としては、「常にファンダメンタル的な観点から大局的な相場観を考え（中長期的に円安が進むであろうといった予測など）、テクニカル指標によって具体的に買ったり売ったりするタイミングを判定する」ということを基本スタンスとし、「大きな事件などで相場に大きな変化があったときには、それが大局的な相場観にまで影響を及ぼすのか否かを考えて対応する」というのが正しい姿勢です。

　為替は世界経済全体に関わりがあるものですから、関連するファンダメンタル指標は山ほどあります。そのなかから、どの指標に注目していたらいいのかはとてもむずかしい問題です。ただ、為替を動かすものは実需（商売など実際の経済活動に必要な通貨の売買）よりも仮需（相場変動によって収益を上げるための売買）が圧倒的に多く、そのための材料がいつも物色されているため、テーマとされる項目が次々に変化するということは知っておくとよいでしょう。

　また、こうした指標を使って判断するうえで間違えやすいのは、情報と為替変動にはタイムラグがあるということです。たとえば、

私が過去のデータで調べてみたところでも、貿易収支と為替変動には１年近い「ずれ」があります。
　この点、多くのアナリストは情報が発生したときと為替相場の変動とのタイムラグを意識していないために間違った判断をしやすいように思います。
　未来の為替予想をするのであれば、注目しているファンダメンタル要因が「将来どのように変化するか」を予想しければいけないのに、すでに発表された「貿易赤字」のデータを見て判断している人がいるからです。大抵は事前にいやというほど予測されていますから、誰も予想していなかったような驚きの数字（サプライズ）でも出ない限り、その材料はすでに為替相場に織り込まれているのが普通です。だから、それを元に相場予測をしているような評論や解説はあてにならないのです。

　将来どのように変化するかという観点からすると、ファンダメンタル要因のスケール（規模）と変化率も重要です。
　つまり、発表された指標が、過去の流れからどれだけ変化したかが重要なのです。たとえば、原油価格の上昇はしばらくのあいだはあまり材料視されることはありませんでしたが、１バレル55ドル前後あたりから、その急激な変化率とスケールが、ドル安の材料としてみなされるようになりました。
　スケールと変化率というからには、あくまでサプライズであることが必要です。人間は慣れの生物であり、たいてい刺激に対しては、

耐性が生じます。したがって、原油高が継続して、同じぐらいの価格で推移し、変化率が下がってくると、やがてはそれを材料としては反応しなくなります。

　金利差についても、経済学上、通貨のレートを決定する重要な要素であるはずですが、実際の為替変動ではほかに材料がないとき以外はあまり注目されないのが実情です。しかし、過去のデータをざっと見たところでは、日米の政策金利の差が2.5％以上になるとレートに影響を与えることが多くなります。これも金利差のスケールが重要だということです。

　ファンダメンタル指標をみるときには、過去のデータをチェックし、どのくらいの変化率で、どのくらいのスケールであれば実際の通貨レートに影響を与えるのかを調べてみることは有意義だと思われます。

2 テクニカル指標を取り扱う前に…

▽

- ▶テクニカル指標は万能ではありえない
- ▶テクニカル指標の意味と、得意・不得意を理解しなければならない
- ▶基本的な理解があって初めて、実践で応用することができる

　さて、ファンダメンタルズとテクニカルの関係についてはわかっていただけたと思います。

　テクニカルついては、まだまだ注意しなければならない点があります。なぜ、しつこくこのようなことを書くのかといえば、投資のビギナーで初めてテクニカルに接したような方は、その面白さに熱中し、「テクニカルは万能なのではないか」と誤解しがちになることが多いからです。

　しかし、テクニカル指標は万能ではありません。ある指標を用いて、それでサインが出たものを何も考えずに買えばよいというほど単純なものではないのです。

　状況に合わせてテクニカル指標そのものを使い分けたり、パラメ

ータを変えたりしなければなりません。場合によっては、いわゆる「だまし」ではないかと、サインを疑わなければならないこともあります。それぞれのテクニカル指標によって得意不得意の場面があるからです。

　にもかかわらず、最近は取引会社の情報画面も充実し、パソコンでカンタンに種々のテクニカル指標を使うことができるため、実際の「運用」に必要な知識がないままテクニカル指標を使っている人も多いように思います。闇雲に多くのテクニカル指標を用いて投資するような非合理的なことをしている人もいます。

　そうしたやり方は、医者でいえば、風邪のときはこの薬、胃潰瘍のときはこの薬ということだけを機械的に暗記して診察しているようなものです。薬の作用機序や疾患に対する深い理解、副作用に対する知識、その薬が効かない疾患、薬の相互作用についての理解がなければ、臨機応変に薬を患者に合わせて変更することができません。そうした結果、副作用が出たり、効かない薬を処方するようなことが生じるのです。

　テクニカル指標についても、それぞれのもつ意味と考え方、そこから推察される得意な場面、不得意な場面を理解することが不可欠です。そういう前提があって初めて、実際の取引において有用に活用することができるのです。そして、基本的な理解があれば、状況に応じて臨機応変に対応できるようになるのです。

3 テクニカル指標が利用できる場面利用できない場面

- ▶テクニカル指標の大前提は市場が非効率的であることだ
- ▶テクニカル指標の大前提は市場に多種多様な参加者がいることだ
- ▶テクニカル指標は、それ自体がトレンドを形づくることもある

　前述したように、市場がランダムウォークであれば、ファンダメンタルズによる予測もテクニカルによる予測もまったく役に立ちません。しかし、現実には、さまざまな非合理的な行動をする多数の個人投資家や、そもそも利益目的でなく通貨を購入する人たち（実需筋）の存在があります。このために市場は非効率的になり、為替レートの変動にトレンドが出現するのです。

　まず、テクニカル指標が利用できる大前提は、市場が非効率的であるということです。

　また、非効率であったとしても、市場に圧倒的な影響力をもつ投資家や国が出現した場合も、その人や国の行動自体がテクニカルのサイン以上の影響力をもつため、テクニカル指標の有用性が低下す

ることになります。したがって、たとえば中央銀行など、大きな影響力をもつ投資家の存在もテクニカル指標によって投資する人間にとっては好ましくありません。

　この場合の「大きな影響力をもつ投資家」が、「ある特定のテクニカル指標」である場合もあります。一つのテクニカル指標をかなりの多くの投資家が信奉し、活用するような状況になったら、どうなるでしょうか。
　かつて、商品先物市場でそのような状況が起こったと聞きます。
　多くの人が、そのサインの点灯と同時に売り買いをしたため、サインが点灯すると売り一色、買い一色になり、売買できない状況になってしまったのです。
　つまり、市場参加者の多くが特定の指標を参考にすると、テクニカル指標の的中率は抜群に上がりますが、流動性の低下が生じ、現実にはそのとおりの売買によって利益を上げることはできなくなります。商品先物市場のようにそもそも流動性があまり高くない市場においては、なおさらです。多くの著名な（影響力のある）投資家がセミナーや本で自分がしている本当の投資手法を語りたがらないのはそのせいでしょう。
　ファンダメンタルズを重視する投資家や効率的市場仮説を信じる投資家がいたりと、さまざまな投資家が適度に存在していることは、テクニカル指標によって投資する人間が生き延びるために必要不可欠だということになります。

一方、流動性の低下がない程度に、ある特定のテクニカル指標を信奉し、活用する人が増加することは、その同類の人にとっては好ましい結果を生みます。

　「レジスタンスライン突破の逆指値買いを支持し、ライン突破後は5円上昇するまでは保持する」という投資家が一定数存在するとします。流動性が低下しない（それに売り向かう人がいる）程度で、かつ、そのサインを支持する人が相場の方向性に影響力があるほど存在すれば、相場はその方向に動き、そのサインを支持する人は利益を上げられることになります。

　たとえば、1ドル105円にレジスタンスラインがあるとします。105円を突破してドルが上げると、レジスタンスライン突破のドル買い円売り注文を入れている人たちのおかげで需給関係がドル買い優勢になります。そのため、105円突破後、ドル高が勢いを増して進みます。110円になるまでその105円でドルを買った人たちは売らないのでドル買い優勢が続き、そして110円になった段階でドルを売るためにトレンドの転換に影響が出てくる、というわけです。

　特定のサインを信用する人が多いほど、正しくいえば少人数であっても、特定のサインに従って投下される資金量が多ければ多いほど、そのサインの精度が上昇するのです。

　このことからは、テクニカル指標が正しいからテクニカルどおりに動くのではなく、テクニカル指標を信用している人たちが存在するために、テクニカル指標どおりの動きをあえて行なう人が増え、

それによりテクニカル指標の精度が改善するという逆転現象が生じることもある、ということがわかります。

その意味では、マイナーな指標を使うよりも（マイナーであっても精度が高ければいいのですが）、多くの市場参加者が活用している一般的な指標を利用するほうが、メリットが多いということになります。

したがって、一目均衡表とか酒田五法のような日本で有名なだけで海外では認知度が低い指標は、為替相場においては、的中率がかなり低いという現象が起こります。逆に、海外の投資家が参照にしていると思われるレジスタンスラインやサポートラインの精度は為替相場では高くなります。なぜなら、為替市場に参加して相場を動かしている人の多くは欧米を中心とした海外の投資家だからです。

こうした点を理解することは、どのテクニカル指標を利用するかを選択するうえで参考になるでしょう。結果としては、新しくて、まだあまり知られていない投資法よりは、長い期間にわたって利用・淘汰され、多くの人が使用している投資法を使うほうがよいことが多いということです。

なお、こうした点以外にも、テクニカル指標が本当に有用かどうかに関してはさまざまな論文があり、見解が分かれています。

いくつかの報告がテクニカル指標の有用性を証明していますが、まだ、十分な根拠やコンセンサスが得られているわけではありません。

ただ、景気循環など経済のサイクルがテクニカル指標に有用性を与えているのは間違いないというものや、政府の介入がある時期とない時期を比較すると、政府の介入がある時期のほうがテクニカル指標の有用性が増したという報告がなされています。

4 テクニカル指標に期待できること期待できないこと

▶ テクニカルはファンダメンタルズで説明できない動きをとらえる
▶ テクニカルはファンダメンタルズによる動きを追認する
▶ テクニカルは「動きが継続する確率が高い」ことを示すだけである

　前述したように、テクニカル指標とファンダメンタル指標は同様に重要なものであり、かつ長期的な傾向はファンダメンタル指標で判断したほうが正しいことが多くなります。
　ある報告ではマクロのファンダメンタル的な指標による予想では、1四半期先の予想より、16四半期後の予想のほうが、的中率が高かったとされています。予想の内容や経済状況などの背景など考察しなければなりませんが、興味深い話といえるでしょう。なぜなら、一般的に予想というのは時期が近ければ近いほど、突発的な事象が起こる可能性が低く、的中率が高いと考えられるからです。
　しかし逆に考えれば、戦争などの突発的で予測不可能なことが起こらないと仮定したならば、この「長期の予想のほうが的中率が高

かった」という結果を、ある程度受け入れることができるかもしれません。

なぜなら、

① 為替や株価は短期的にはファンダメンタル的な要素より需給関係により決定される。それはしばしばヘッジファンドの投機的な動きや、人間の動揺やパニックにより助長される

② そのオーバーシュートによる価格の行き過ぎ、つまり、ミスプライシングの修正にはある程度の時間が必要とされる。修正が起こる方向は、中長期的なファンダメンタルにより決まる

と考えられるからです。

たとえば、為替であれば購買力平価や資本移動や貿易に伴なう実需により決定される適正水準を中心に、短期的にはブレるけれども、長期的にはマクロ的な適正水準に近づく（収束する）というイメージです（次ページ図）。

上記の話より推測されるように、ファンダメンタルな要因だけでは説明のつかない（アナリストはそれさえも説明しようと試みますが）短期的なトレンドやオーバーシュートをとらえるのがテクニカル指標の役目の一つです。

そして、先ほどの、為替介入のある時期のほうが介入のない時期よりもテクニカル指標の精度が上がる、という報告からわかるように、ファンダメンタルズにより形成されたトレンドを、明確なものとして追認するというのが二つめの役目です。

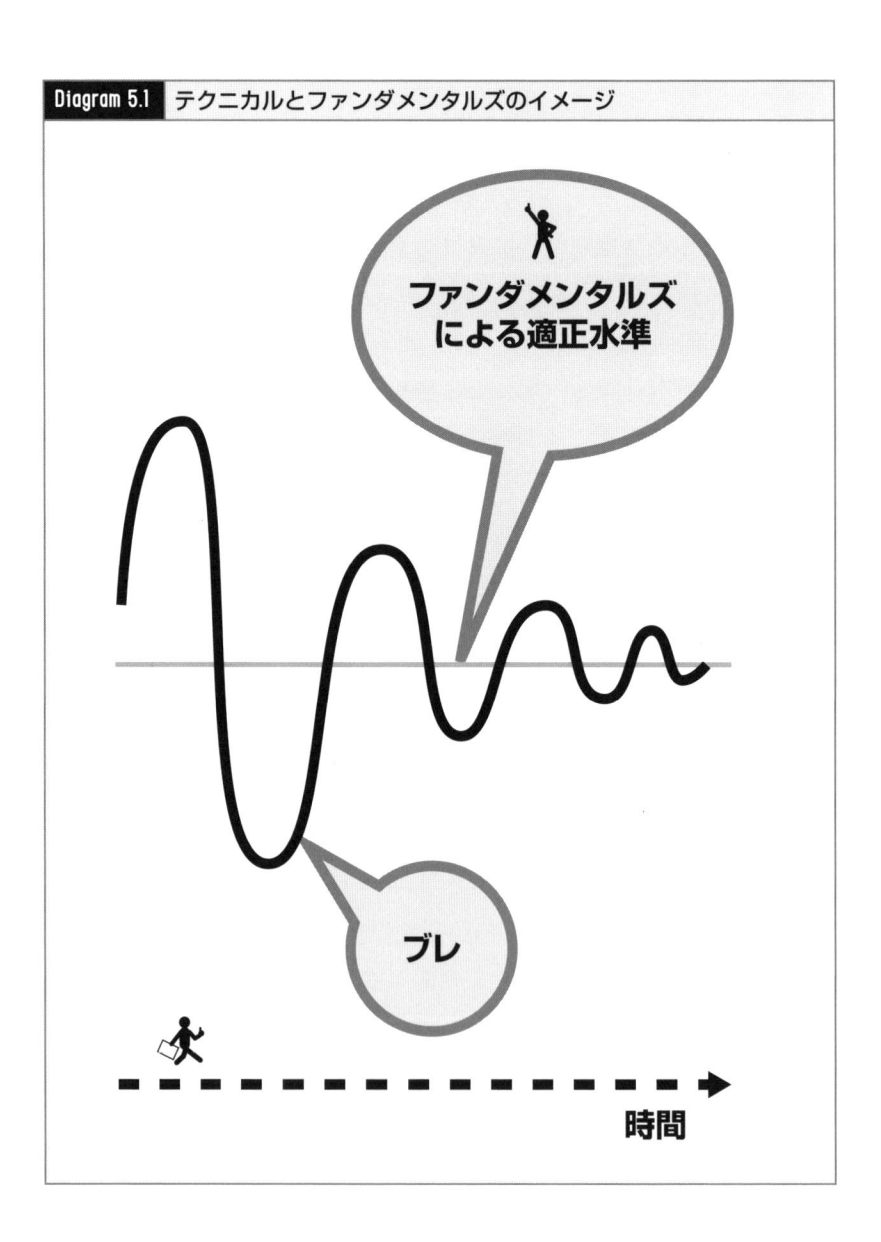

Diagram 5.1　テクニカルとファンダメンタルズのイメージ

ファンダメンタルズによる適正水準

ブレ

時間

つまり、ファンダメンタルズで説明のつかない需給の力関係による場合であれ、ファンダメンタルズによってつくられたトレンドの場合であれ、テクニカルな指標は、そのときどきの相場の力関係やトレンドの方向性を示していることは間違いありません（もちろんサインは多少遅れて出るわけですが）。

　そして私たちは、その方向性に投資（投機）してみるわけです。その理由は、「ある通貨が上昇すればそのトレンドを投錨と調整により追従する」人間の行動心理があるという事実や、「為替相場においてトレンドが形成されれば一定期間続く」ということを、トレーダーをはじめとした多くの市場参加者が認識しているという事実により、そのトレンドが一定期間続くと考えるからにほかなりません。一言でいえば、「トレンドが形成されたら、確率的にそのトレンドが継続する可能性が高いので、そのトレンドに従えば利益を上げる可能性が高い」という考え方を利用するわけです。

　それはあくまで確率的に高いだけであって、トレンドとしてテクニカル指標によって認識できた途端にトレンドの向きが変わるということもよくあります。テクニカル指標で利益を上げることができるのは、あくまで「トレンドが継続する」ことが「確率的に高い」という根拠に基づいているわけです。

　「買いサインが出たのにすぐに値が下がった。このテクニカル指標は信用できない」といった意見をよく耳にします。

　しかし、こうした意見は本末転倒です。現実の為替相場が先にあ

り、テクニカル指標はその動きを追認しているに過ぎません。価格が徐々に上昇してきたという動きをとらえ、明示してくれるのがテクニカル指標です。そして、そのテクニカル指標に対して、こうなったら買い、あるいはこうなったら売りという意味をもたせ、「サイン」とするのがふつうです。テクニカル指標そのものが、未来の動きを予測しているわけではないのです。あくまで、私たち自身が、過去の相場の力関係、方向性を示すテクニカル指標を見て、その方向性が続くであろう（確率的に高い）と予測して行動しているだけということを忘れてはなりません。

　１ドル100円から110円まで動くときと、100円から102円まで動くときを考えてみましょう。
　110円まで動くときには、どこかの時点で買いサインが出て、手仕舞い方にもよりますが、結果として５円ぐらいは差益をとれることになるでしょう。一方、102円までしか動かないときには、おそらく買いサインが出てからは大して動かず、手仕舞い方によっては、損切りになるかもしれません。いわゆる「だまし」です。同じようにサインが出ても、相場が110円まで動くときはたまたまいくらかの差益となり、102円までしか動かないときはたまたま損切りで終わるかもしれないのです。買いサインが出たから10円レートが上昇して、儲からなければおかしいという理由はどこにもないのです。
　どれくらい動くかは相場のみが知っていること（どんな数字であれ結果を受け入れなければならない）であって、テクニカル指標が

それを決定するわけではありません。このことを理解しておかなければ、より有効なサインを求めて、いくらテクニカル指標を取捨選択しようが、パラメータを変えてみようが、上手に運用することはできません。

　また、テクニカル指標のサインが出た後、何らかの突発的な外的要因（事件や経済指標の発表など）によりトレンドの向きが変わったりしても、それは当然のことです。
　テクニカル指標は、相場の力関係や方向性を示してはいますが、将来の予想外の出来事までは盛り込んでいません。盛り込むことは、どう考えても不可能なのです。
　このことも、多くの人がわかっているようでわかっていません。
　テクニカル指標は占いのように未来を予想するものではなく、現在のトレンドをとらえてその情報を投資家に与えるものに過ぎません。投資家はトレンドが継続する傾向があること（トレンド系の指標）、あるいは、ある領域までレートが下がれば元に戻る傾向があること（オシレーター系の指標）を根拠にして、その確率が高いと予測し、そのサインに従って行動する結果、利益を上げることもあれば、そうならないときもあるというだけです。
　テクニカル指標は未来を予測するものではないということを認識し、だましにあったときはその原因を分析してよりよい運用を目指す一方、予想外の突発的な出来事や経済発表によりそのだましが生じた場合はその指標の評価を下げることをしてはなりません。

5 テクニカル指標の精度と合成の誤謬

- ▶テクニカル指標の組み合わせには「合成の誤謬」に注意が必要だ
- ▶得意・不得意、感度、正確性を考慮しなければならない
- ▶テクニカル指標の正確性は、相場の状況にも大きく左右される

　どのテクニカル指標を選択するのかを考えるときには、テクニカル指標の精度の評価の仕方を理解する必要があります。その前に検査の精度を評価する方法を理解しましょう。

　検査には感度と特異度という指標があります。感度とは陽性のときに陽性と判断する確率です。特異度は陰性のときに陰性と判断する確率です。

　わかりやすいようにがん検診を例に取ってみましょう。この場合、がんに罹患している人が100人いてその何割を陽性と診断できるかが感度です。100人のうち90人が陽性と出て、10人は陰性と出れば感度は90%となります。がん検査などのスクリーニングでは感度は高くなくてはなりませんが、感度を上げれば陰性の人も陽性と出ること

が増えてくるため、正確性は下がることとなります。

　これを相場でいえば、株価などが上昇するときに確実に買いサインが出る確率ということになります。感度を上げたければ、指標のベースとなる期間を短くしたり、ＭＡＣＤでいえば、ゴールデンクロスしなくとも反転すれば買いサインという判断をする、あるいはシグナル線（移動平均線）の期間を短くするなどすればいいことになります。こうすれば、サインの回数は増える一方で、当然、だましも増えることになります。

　一方、がんでない人を検査で陰性と判断する確率が特異度です。100人正常の人がいて90人を陰性、10人を陽性と判断すれば、特異度は90％です。

　これを相場でいえば、株価などが上昇しないときには買いサインが出ない確率となります（意味は少し異なりますが、わかりやすくいえば正確性を示す指標といえます）。特異度が高いテクニカル指標では、株価が上昇しないときはサインが出現しませんから、だましが減ります。

　この感度と特異度を両方上げるのは理論上、困難です。

　理想的なのは、感度が下がったとしても（株価が上昇してもサインが出ないときがある）、サインが出たときには上昇する可能性が高いような指標です（陽性的中率といいます）。あるいは、量的な判断まで可能であるならば、小さな変化は見過ごしても、大きなトレンドに対する感度と特異度（正確性）が高い指標が理想だといえるでしょう。

もうひとつ重要なのは、陽性的中率は患者背景、相場背景によって変化するということです。同じ検査において、30歳と80歳の人が検査（たとえば腫瘍マーカー）で陽性となった場合、30歳の人ががんである確率と80歳の人ががんである確率が10倍以上違うこともあります。

　相場に当てはめてみれば、同じように買いサインが出現したときであっても、下げ相場では外れる確率が高く、上げ相場では当たる確率が高いということになるでしょう。このことを理解すれば、ファンダメンタル指標などによって、全体の相場状況を把握する姿勢が必要なことがわかるはずです。

　そして、テクニカル指標の精度を評価する際も、そのときの相場の状況を把握したうえで評価する必要があることがわかるでしょう。

　たとえば、バブル崩壊後の下げ相場の状況下においては、下げサインの精度は驚くほど高かったのです。

　7割以上の銘柄が下がる相場状況では、勘で選んでも、7割の精度で的中します。したがって、その相場状況のなかでは、多くの指標の売りサインの精度は8割から9割と必然的に高くなるのです。

　テクニカル指標の精度の評価においては、相場の地合いに対する認識が不可欠だということです。

　次にテクニカル指標の組み合わせについて考えてみましょう。
　テクニカル指標には得意な場面と不得意な場面があります。
　このことを考えれば、いくつかのテクニカル指標を組み合わせて

Diagram 5.2 いくらテクニカル指標を組み合わせてもダメなケース

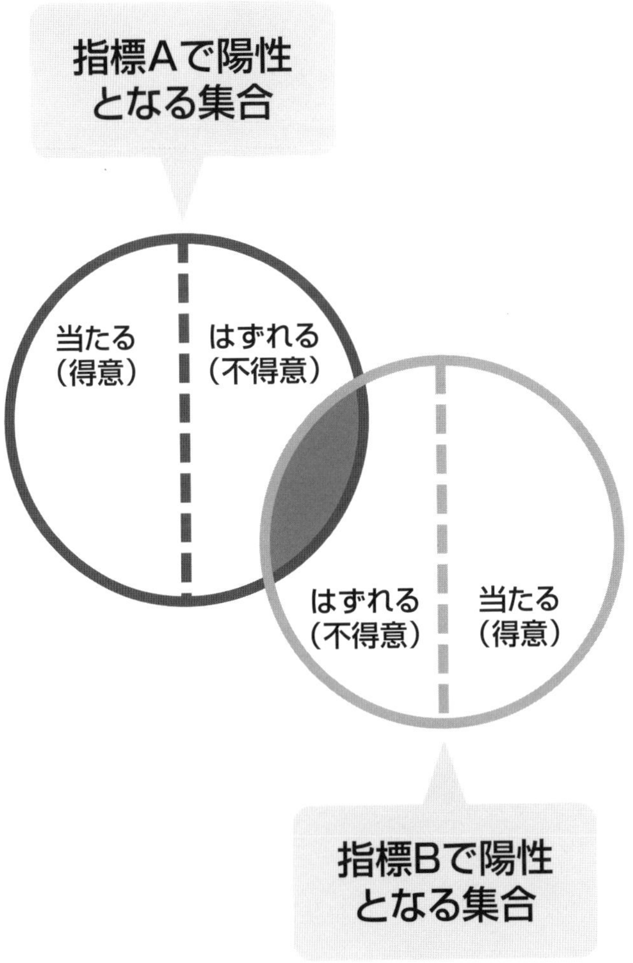

指標Aで陽性となる集合

当たる（得意） ／ はずれる（不得意）

はずれる（不得意） ／ 当たる（得意）

指標Bで陽性となる集合

Chapter 5 テクニカル分析（統計的分析）指標の意義と限界

使用する場合には、組み合わせる指標は1つめのテクニカル指標がはずれる相場を除外してくれる指標でなければなりません。

たとえば、私が前著で取り上げたＭＡＣＤとスローストキャスティクスを組み合わせるやり方の場合は、基本を12日、26日、5日のＭＡＣＤとしています。そしてこのサインが苦手なもち合い場面を、もち合い場面で精度の高いスローストキャスティクスのフィルターをかけることによって除外しているわけです。

逆に1つめの指標が当たる相場において2つめの指標ではサインがでない（陰性）ということになると、組み合わせによって精度が落ちることになってしまいます。テクニカル指標のそれぞれの精度が高くても、合成することによって間違った選択をするという合成の誤謬が生じるからです。

指標Aが陽性と判断した集合のなかにも、指標Aにとって得意な場面と不得意な場面があります。次に指標Bが陽性と判断する集合が、Aが不得意とする集合に入っていては意味がないのです。あるいは、もっといえば、指標Bにも得意な場面と不得意な場面があるわけですから、たとえば指標Aと指標Bのそれぞれが不得意な場面が重なるように組み合わせてしまうと、AかつBのサインを満たすものは、むしろ予想がまったく当たらない集合ということになります。

だから、多くの指標を組み合わせることによって投資銘柄を絞る方法は、サインの重なりを待つという意味で感度を下げているだけでなく、組み合わせの相性がよくなければ精度も下げてしまうこと

になるのです。

　テクニカル指標の組み合わせは、私の経験からいうと、せいぜい2つか3つが限度です。多くの指標を組み合わせて銘柄を絞るのは、多くの条件をクリアする銘柄を選ぶことになるため、一見精度が上がりそうに思えますが、逆に精度が低下するという合成の誤謬が生じる場合もありますから、注意が必要なのです。

6 テクニカル指標の サインをどうとらえるか

- ▶ サインの感度が高くても、正確性が下がっては意味がない
- ▶ 基本的には感度が下がっても、正確性を重視すべきである
- ▶ テクニカル指標のパラメータは調整しすぎると逆効果になる

　テクニカル指標を使用するときにパラメータの選択は重要であり、頭を悩ます問題です。サインの感度は高いほうがいいものの、そのためにだましが多くなる（正確性が下がる）のでは意味がありません。

　では、どのぐらいの感度（サインの出現度）が適切なのでしょうか。正解は投資スタイルによるといえます。

　長期保有のスタイルであれば、感度は下げるべきで、短期ならその逆です。短期のスタンスならば回転率を上げるために、感度を上げなければなりません。逆に長期のスタンスであれば感度が低くても上昇相場の大きなサインをとらえることのほうが重要です。

　相場が上昇したときにサインが出なくてもある程度は許容し、そ

の代わりサインが出たときにはそれなりの精度を保つことを目指したほうが、一般的には投資成績の向上が見込めるでしょう。

したがって、基本的にはサインが出ないこと自体は悪いことではありません。むしろ精度のほうが重要なのです。

また、これは為替というより株式投資に当てはまることですが、たくさんの銘柄のなかからサインの出たものを次々に買うのと、一定の銘柄を追いかけてサインが出たら買うのとどちらがよいかという問題があります。一般的には、1つあるいは少数の銘柄を追いかけて、その特徴を理解したうえでサインを信用するほうが成績がよくなることが多いようです。株でいう「得意銘柄をつくれ」ということです。

テクニカル指標においては、そもそも投資対象が為替なのか株式なのか、どの通貨なのか、どの銘柄なのかによっても感度や精度は変わります。

だから、いくつかの通貨を追いかけて動きの特徴をつかみ、テクニカル指標のサインの判断やパラメータの調整をある程度行なうことも必要です。ただし、調整する場合、あくまで過去の数字にフィットさせているだけですから、あまりやり過ぎると逆効果になることもあります。

7 テクニカル指標の検証の必要性

- ▶あらゆる投資技術はきちんと「検証」しなければならない
- ▶投資技術は相場環境とともに変わることを理解しなければならない
- ▶合理的な投資行動が身についていれば、投資技術は改良できる

　あらゆる投資技術は本当に正しいか検証する必要があります。自分の大切なお金を投ずるのですから、当然です。

　「本に書いているから信用する」といった姿勢では絶対ダメです。いろいろな本を読むと、明らかにおかしなことを書いているものもたくさんあります。

　あるいは一見よさそうに思えるやり方でも、本当に実行できるのか、少なくとも過去の相場に当てはめてみて、儲かったやり方なのかを検証してみてください。

　著者に悪意はなくとも、たまたまそのときの相場に運よく当てはまっていただけの方法を紹介していることもあります。本を読んだ人が、実際に投資しようとしたときには、そのやり方はすでに使え

なくなっている（通用しなくなっている）可能性もあるのです。

　相場環境は絶えず変化し、それとともに適合するテクニカル指標も変化するのは当たり前です。

　ですから、この本に書いている投資技術もテクニカル手法も、2〜3年後に相場環境が変わり、市場参加者が変化するなどすれば、適合性がなくなっている可能性も十分にあることを認識しておいてください。

　ただし、この本で「勝つ確率か高い投資行動」をきちんと理解された方ならば、自分なりに対応することができるでしょう。

　あるやり方の精度が下がっていると感じたら、一度休んでください。そして、やり方を再考したり、運用を工夫するなどで、対応してください。くれぐれも、「投資技術やテクニカル手法は正しいはずなのにおかしい」と考え、負けを取り返そうと投資額を増やすようなことはしてはなりません。

　古今東西、相場に負けて掛け金を増やすのは、破滅への道をたどることになることは間違いありません。

Chapter 6

MACDとスロースト キャスティクスによる 売買手法のディテール

1 なぜMACDとスローストキャスティクスなのか

▼

- ▶トレンド追従型は方向性を測るのが得意
- ▶オシレーター型は一定期間内での位置を測るのが得意
- ▶それぞれのよいところを伸ばす組み合わせを考えることが大切

　相場のトレンドには上昇、下降、もち合いの3つの方向性があります。実際の相場の動きは、一直線に上がったり下がったりするわけではなく、これに振幅という要素が加わり、組み合わさって動きます。

　これを大雑把に分けて考えてみると、
- ●振幅が大きい（上昇トレンド、もち合い、下降トレンド）
- ●振幅が小さい（上昇トレンド、もち合い、下降トレンド）

があることになります。

　もちろん、現実の相場の動きはこのように単純ではなく、たとえば大きな振幅のなかに小さな振幅があるなど、複雑に組み合わさってきます。

しかし、私たちは、そのような複雑な相場の動きのすべてを解明し、把握することを欲しているわけではありません。

　学術的興味や趣味で相場の動きそのものを研究したいという人は別として、一般の投資家としては、要は「儲かる確率が高い」、言い換えれば、「わかりやすくて、効率がよい（値幅が大きい）動き」をとらえることができれば十分なのです。

　ではどうしたらよいのでしょうか。ここで用いるのがテクニカル指標です。

　テクニカル指標には大きく分けてトレンド追従型とオシレーター型の2つがあります。どういう指標があって、どちらの類型に当てはまるかについては、ここで解説していると紙幅が足りなくなってしまいますので、触れません。興味のある方は別の参考書で調べてみていただくとして、ここで言いたいのは、2つの類型があるということは、それぞれに得意な場面、不得意な場面があるということです。

　テクニカル指標の得意、不得意をごく大雑把にいうと、
- トレンド追従型は方向性を測るのが得意（どのくらいの期間をベースにした方向性を測るかは、パラメータの設定による）
- オシレーター型は一定期間内での位置を測るのが得意（どれぐらいの期間をベースに測るかはパラメータの設定による）

ということになります。

　なぜそのように分類されるかというと、トレンド追従型とされる

Diagram 6.1 テクニカル指標の2つのタイプ

トレンド追従型は「方向性」を測るのが得意

※過去のどれぐらいの期間をベースに方向性を測るかはパラメータの設定による

短期／長期

オシレーター型は一定期間内での位置を測るのが得意

※過去のどれぐらいの期間をベースに測るかはパラメータの設定による

短期／長期

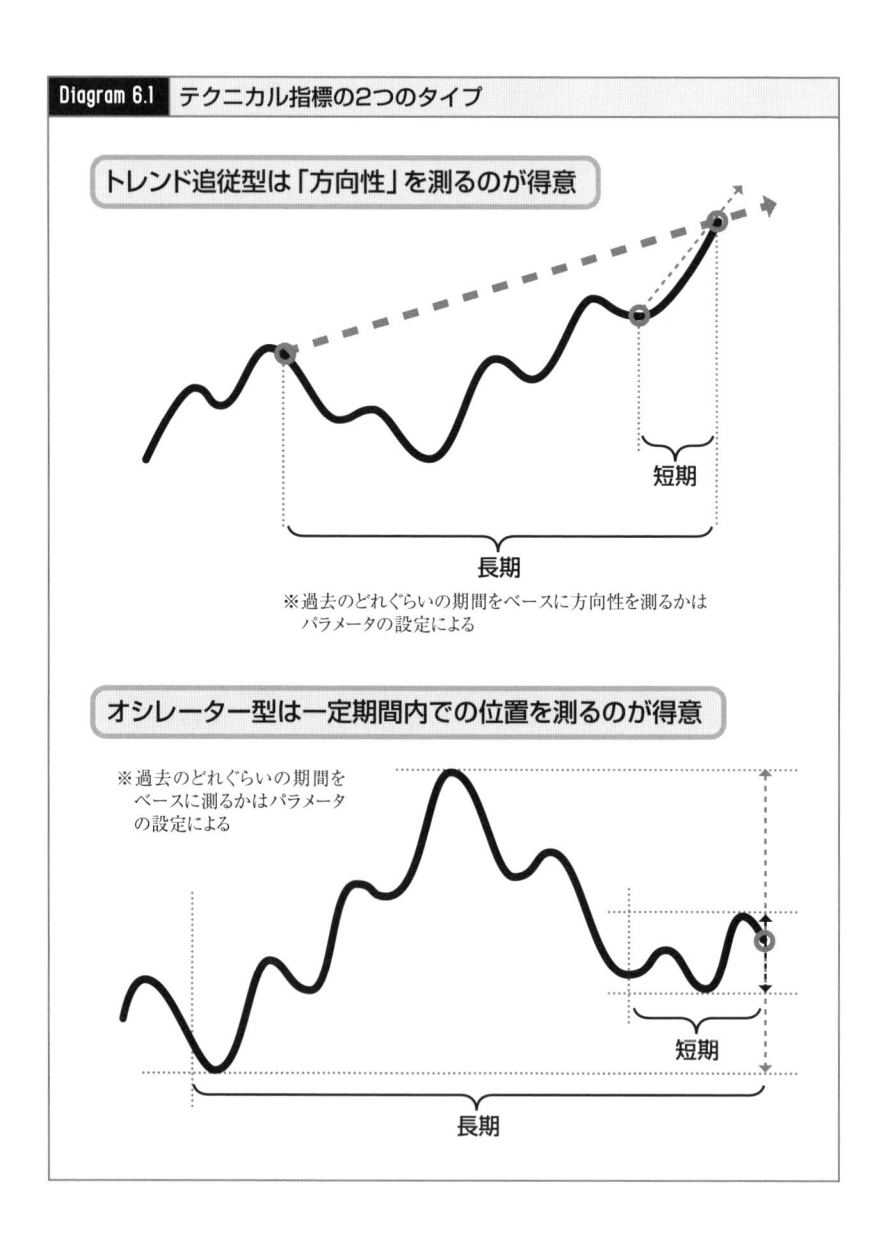

指標の多くは、数値に限界点がなく、トレンドが続く限りサインを出し続けるのに対して、オシレーター型とされる指標の多くで示される数値はマイナス100から100までなど、あらかじめ幅が設定されているため、その上限あるいは下限において「もう反転してもいい頃だよ」というサインを出すようにできているからです。

　私の場合、MACDをトレンド追従型の指標、スローストキャスティクスをオシレーター型の指標として用いるということは、前著でも述べました。それはなぜでしょうか。

　まず、テクニカル指標を使う目的を思い出してください。それは、「儲かる確率が高い、言い換えれば、わかりやすくて、効率がよい（値幅が大きい）動きをとらえる」ためです。

　為替相場（株式相場でも同じですが）において、いちばん儲かる確率が高いのは、強い上昇トレンドで買う、あるいは強い下降トレンドで売ることです。したがって、最低限、トレンドの方向性を間違えてはなりません。

　そこで用いるのが、方向性を測るのが得意なMACDというわけです。パラメータは一般的に用いられる12日、26日、9日としていますが、これは短中期のスイングトレードで相場に臨む場合は、これぐらいのスパンがちょうどいいということで、そのまま使用しているだけです。したがって、みなさんは自分のトレードスタイルに合わせて、アレンジしてかまいません。

　さて、MACDでは上昇トレンドとか下降トレンドでは正確性が高いものの、もち合い場面ではだましを連発し、サインどおりに売

Diagram 6.2　テクニカル指標が得意な場面は？

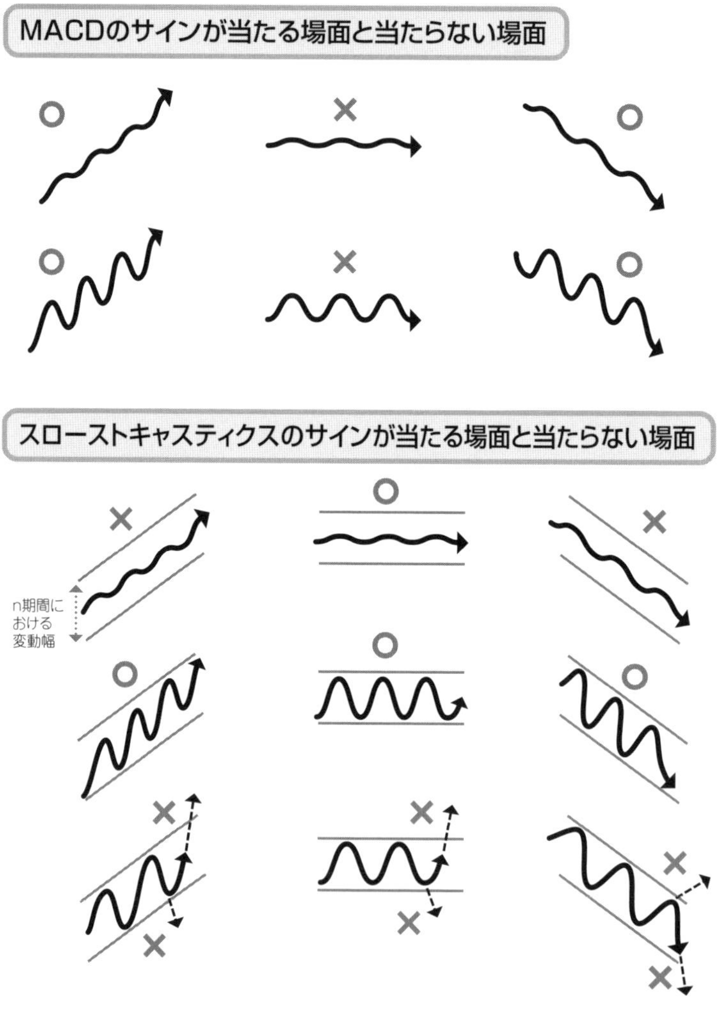

MACDのサインが当たる場面と当たらない場面

スローストキャスティクスのサインが当たる場面と当たらない場面

n期間における変動幅

買をすると利益が上がらないことが多くなります。

　そこで次に、2つめの指標としてオシレーター型の特徴をもつスローストキャスティクスを用いるのです。上記のMACDが不得意なもち合い場面に強いからです。

　これにより、MACDが得意な場面において出される陽性のサインとスローストキャスティクスが得意な場面において出される陽性のサインの両方が点灯するときは、「儲かる確率が高い、言い換えれば、わかりやすくて、効率がよい（値幅が大きい）動き」をとらえることができるというしくみです。

　誤解が多いので書いておきますが、間違えないでいただきたいのは、決して儲かる確率が高い、言い換えれば、わかりやすくて、効率がよい（値幅が大きい）動きのすべてをとらえることができるわけではない、ということです。

　たとえば、スローストキャスティクスが中間点あたりから反転して始まるトレンドが、結果的に大きなトレンドとなる場合には、このサインではとらえることができません。あるいは、スローストキャスティクスが上限や下限に張り付いた状態から、さらに上昇や下降が加速するようなトレンドについても、（継続してポジションをもっている場合は別として）新規に仕掛けることはできません。

　こういうことを書くと、そういうトレンドもすべてとらえたいとか、あるいは逆に、もっと小さな動きもとらえてこまめに売買すれば、さらに効率的に儲かるのではないかと考える人がきっと出てく

ることでしょう。しかし、それは結局、「相場の動きのすべてを把握する」ということでもあり、非常に困難なこと、というより不可能なのです。いろいろな指標を組み合わせた挙句、先に述べた合成の誤謬に陥る可能性が高いのです。

　ここでの発想の基本は、「それぞれの指標が得意とする場面において、陽性と判断するサインが重なる」のを待つことにより、感度は下がっても正確性を高めるということにあることを理解しておいてください。

　そして、最もカンタンに儲けたいのであれば、これだけでも十分なのです。

　この本においては、「それでは満足できない。もう少し攻めたい。あるいはもう少し"判断"の要素を入れて、勝率や効率を高めたい」という人のためにさまざまなノウハウを取り上げていきます。

　しかし、常に相場に参加するのではなく、年のうちに何度か出る「勝つ確率の高いサイン」に則って、とくに判断もせずに、淡々と機械的に売買することが、結果として、"ヘタな判断"を交えて売買をするよりも、勝つ確率の高い投資行動となることも十分に考えられます。

　したがって、この本に書いてあることは少しむずかしい、自分でそこまで考えるのは面倒くさいという人は、この本に書いた「投資哲学」と「勝つ確率の高い投資行動」は身につけてほしいのですが、本章以降で取り上げていく投資技術についてはあまり深入りするこ

となく、前著に書いたことを淡々と実行するだけで十分だということを、改めて申し上げておきます。

さて、もっと"判断"したいという人は続きに進みましょう。
ところで、このＭＡＣＤとスローストキャスティクスの組み合わせにおいては、どちらが優先でしょうか。
これは、順張りと逆張りはどちらが有用か、という視点にもつながる大切なポイントです。
この点、トレンドに追従するほうが簡単であり、株より動きが素直でトレンドの発生しやすい為替相場においては、トレンドにそのまま追従したほうが戦術として正しいことになります。つまり、「あくまでＭＡＣＤが優先で、スローストキャスティクスは補助的なもの」であることを忘れないでください。
したがって、ＭＡＣＤでサインが出ていれば、スローストキャスティクスでサインが出ていなくとも仕掛けることはあり得ます。先ほど述べた、スローストキャスティクスが中間点あたりから反転して始まるトレンドが、結果的に大きなトレンドとなる場合とか、スローストキャスティクスが上限や下限に張り付いた状態から、さらに上昇や下降が加速するような場合についても、「ファンダメンタルズやチャートとの総合判断」を加味したうえで、仕掛けてみてもいい場合があるわけです。
しかしその逆はありません。つまり、スローストキャスティクスが上限あるいは下限にあるとしても、基本的にはＭＡＣＤでサイン

が出るまでは仕掛けることは控えるべきです。

　なぜなら、それは逆張り的な発想になるからです。とりわけ、高いレバレッジをかける場合には、逆張りは厳禁です。ＦＸで高いレバレッジをかけている場合、相場が反転する前に強制決済にかかってしまえば、すべては水の泡だからです。

　仮に逆張り的な発想を使ってもいい場面があるとしたら、資金量が豊富な場合に、レバレッジを１、２倍に下げて、安くなったときに買い増しながら、スワップをとるという方法が考えられます。もっとも、こうしたケースの大半は、中長期的にみて上昇相場の場合に、あらかじめ想定した下限のレート（週足の移動平均線など）までは買い下がっていく、すなわち大局的には順張りということになるでしょう。

2 MACDのしくみと実践的な運用法

- ▶定性分析（サインの有無）と定量分析（深さ、角度）を読む
- ▶精度を高めるにはチャートや相場観を加味することが不可欠
- ▶もち合いに弱く、事件による急変には対応できないと認識する

　MACD（Moving Average Convergence Divergence）は移動平均収束拡散法といいトレンド追従型の代表的なテクニカル指標です。為替相場のようにトレンドが形成されやすい相場においては、適合性が高いと考えて私は使用しています。

　興味がある方は、計算式などについても他の参考書でしっかり学んでいただけるとより理解が深まると思いますが、要するに、2本の指数平滑移動平均線（EMA：Exponential Moving Average）の差（乖離）を示しているものです。通常はこの差に対してさらに移動平均線をとってシグナル線とし、この2本の交差を売買のサインとします。

　指数平滑移動平均線というのはあまり聞き覚えのないものですが、

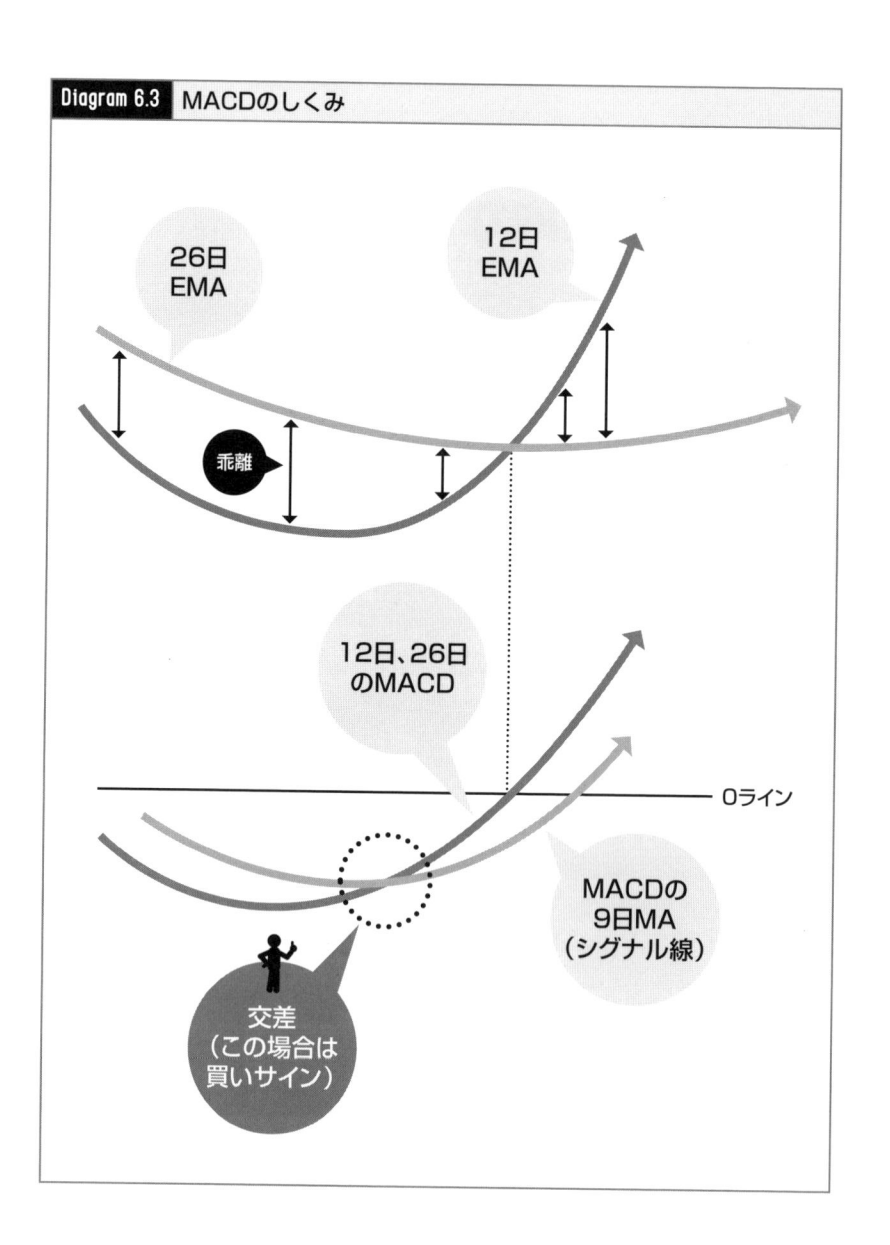

Diagram 6.3 MACDのしくみ

26日EMA

12日EMA

乖離

12日、26日のMACD

0ライン

MACDの9日MA（シグナル線）

交差（この場合は買いサイン）

通常のn日移動平均線（MA:Moving Average）を算出する場合、単に当日の値を加え、n日前の値を抜き出すことによって、場合によっては数値が大きく変動してしまうのを防ぐために、ある期間で平滑化された移動平均線のことです。その反面として、急騰相場においては反応が遅いという欠点も認識しておく必要があります。MACDの考案者であるジェラルド・アペルはかなり厳格にものごとを考える人だったようですが、私たちが使用するレベルにおいては、そこまで微妙な差を気にする必要はありませんから、長期の移動平均線と短期の移動平均線の差（乖離）だと大雑把にとらえておけば十分です。

したがって、MACDが基本的にどのような動きをするものなのかといえば、短期と長期の移動平均線の関係を思い浮かべるとわかりやすいわけです。

下降相場から上昇相場に変わる場面においては、短期の移動平均線のほうが長期の移動平均線よりも先に反応し、上昇し始めます。その結果、短期線と長期線の差（乖離）が縮まります。そして、短期線と長期線がゴールデンクロス（下から上にクロス）するときにその差がマイナス→ゼロ→プラスとなるわけですが、この時点でMACDは0ラインを下から上に通過することになります。

一般には、移動平均線そのもののゴールデンクロスも、売買のサインとされることがありますから、その意味においては、MACDが0ラインを通過するときにも特別な意味があるわけです。したが

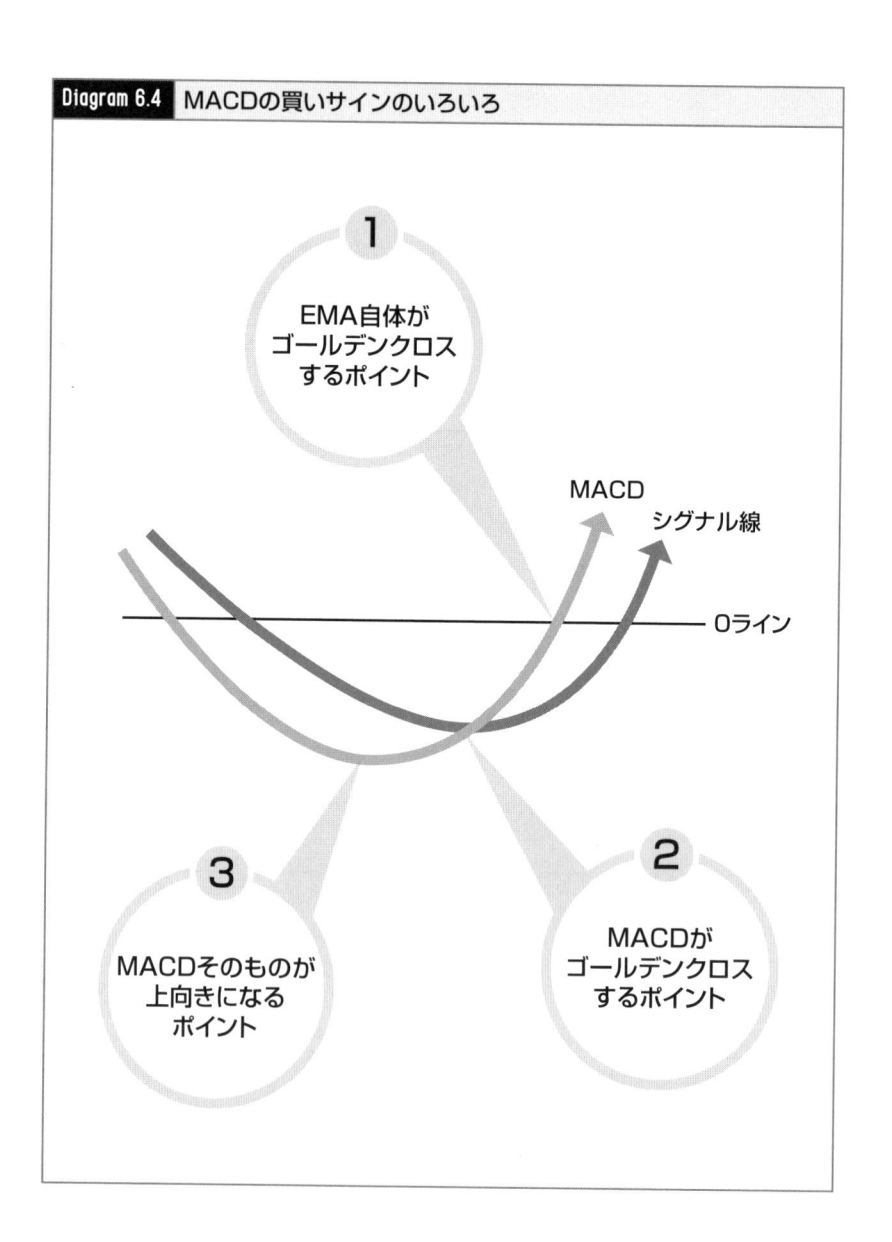

| Diagram 6.4 | MACDの買いサインのいろいろ |

1 EMA自体がゴールデンクロスするポイント

MACD
シグナル線
0ライン

2 MACDがゴールデンクロスするポイント

3 MACDそのものが上向きになるポイント

って、人によっては、ＭＡＣＤが０ラインを下から上に通過するときは買いサイン、逆にＭＡＣＤが０ラインを上から下に通過するときは売りサインとする人もいます。

　また、そういう意味からいえば、ＭＡＣＤが０ラインよりも上にあるときには、短期の移動平均線が長期の移動平均線の上にあるということですから、基本的には上昇トレンドにあり、その逆の場合には、基本的には下降トレンドにあるとみることもできます。

　一方、ＭＡＣＤでいちばん有名な売買サインは、ＭＡＣＤ（12日、26日）とＭＡＣＤ自身の９日間の移動平均線（シグナル線）との交差をとって、ゴールデンクロス、デッドクロスとするものです。

　この場合、原理を考えるとおわかりになると思いますが、移動平均線そのものから出されるクロスサインよりも早くサインが出ることになります。そしてこの点が、ＭＡＣＤが効果的だとされているゆえんでもあります。

　しかし、人によっては、一般的に使用されるこのサインでもまだ、遅いと考えるケースもあるでしょう。短期売買をするのであれば、ゴールデンクロスやデッドクロスする前に、ＭＡＣＤ自身が上向きから下向き、下向きから上向きに反転した段階で売りサイン、買いサインとしてもいいでしょう。

　あるいは、シグナル線を９日よりも短い移動平均線とすれば、ＭＡＣＤとシグナル線が近づく結果、サインは少し早めに出るようになります。

ただし、買いサインは早ければいいというわけではありません。早く買い出動すれば、それだけだましにあうことも増えるからです。
　ならば、サインは遅ければいいかというと、そうともいえません。サインが出るのが遅ければ、たしかにだましにあうことは少なくなりますが、遅めのサインで買い出動するということは、すでに価格が上昇しているということです。早めに買えていれば、利食いで終われたケースでも、損切りになる場合もあります。
　したがって、実際にはファンダメンタルズによる相場観やチャートの流れをみて為替レートの位置と方向を確認するなど、総合的に判断することが不可欠となります。
　ファンダメンタルズについては、先にも述べたように、まずは中長期的な方向性（大局的な相場観）について常に意識をもっておくことです。次に、何か大きな事件があって、相場に動きが生じ、サインが点灯したとき（しそうになったとき）には、その動きの影響度を考えることが必要です。これに対して、とくに何もないのに、サインが点灯したとき（しそうになったとき）には、純粋にテクニカル指標によって判断してかまいません。

　ＭＡＣＤの運用法について、いろいろと説明してきましたが、実際に"判断"する場面は千差万別です。
　以下では、実際の相場の動きと合わせて、私が何を考えて、どう仕掛けたのかについて説明してみましょう（次ページ図）。
　ドル円相場で2005年の５月には絶好のチャンスがありました。ス

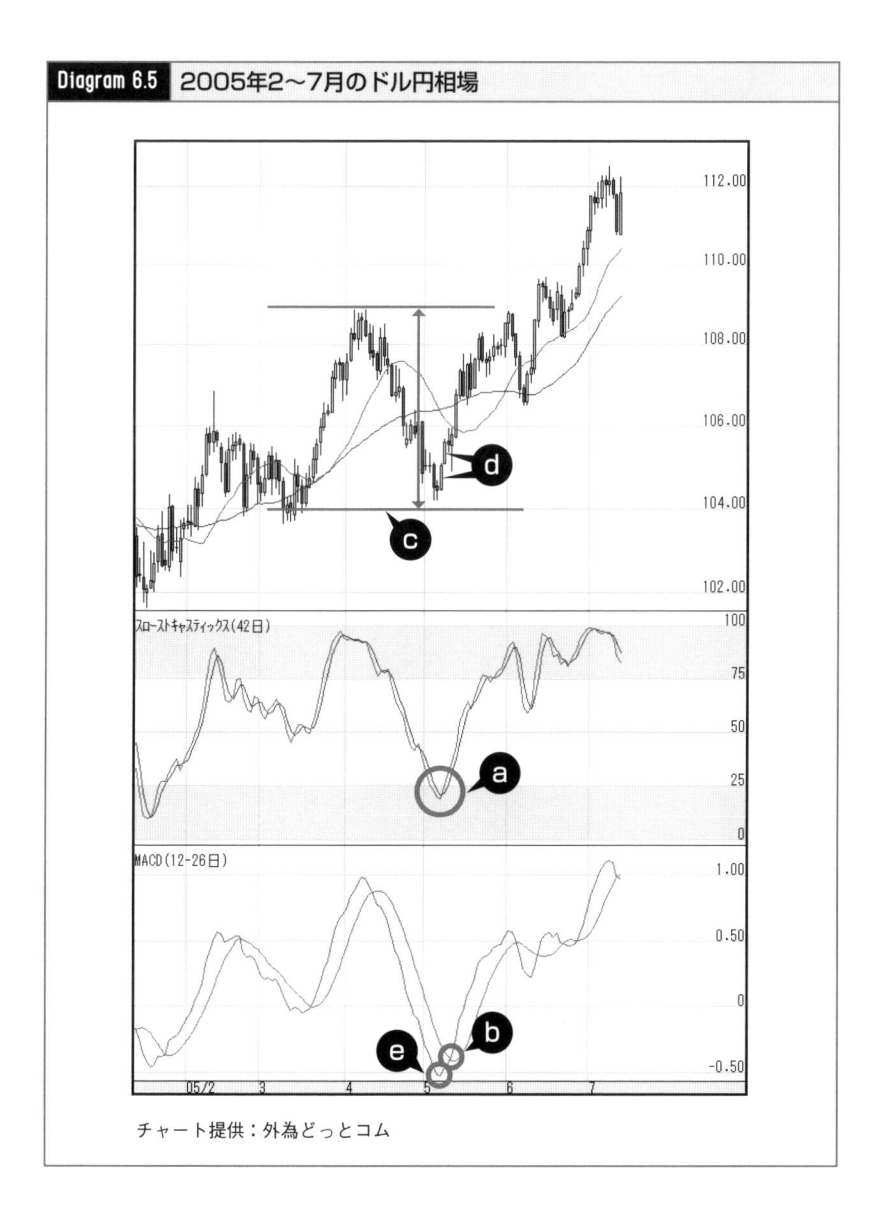

Diagram 6.5　2005年2〜7月のドル円相場

チャート提供：外為どっとコム

Chapter 6　MACDとスローストキャスティクスによる売買手法のディテール

ローストキャスティクスが25％以下と低値で（ a ）、ＭＡＣＤも反転を示し（ b ）、買いのサインが出ています。また、チャートで価格の位置を確認しても、４月の高値108円から104円（直前の下値近辺）まで下げた後（ c ）、陽線が２本連続で出現して強い動きを示しています（ d ）。

　実際このときに買えれば、その後の手仕舞い方にもよりますが、最大で112円まで８円の差益が得られたことになります。

　ちなみに、このケースにおいて、ＭＡＣＤがシグナル線を下から上に抜けたとき、すなわちゴールデンクロスした時点をサイン点灯とするわけですが、ここで買うとＭＡＣＤ自身が反転した地点で買うよりも少し出遅れる（価格が上がってから買う）ことになります。その後、６月の一度強い押し目をつくった場面がありますが、ここで判断に迷うことになったかもしれません（この場面については後述します）。つまり、当初に不利なポイントで買い出動すると（持ち値がわるいと）、手仕舞いまでの流れにおいて、悪循環に陥ることもあります。

　したがって、ＭＡＣＤとシグナル線がクロスするのを待つのではなく、ＭＡＣＤが反転した時点（ e ）で買ったほうがより安値でポジションをとることができます。ここで買い出動できていれば、持ち値がいいことによる余裕から、112円まで取れた可能性も高いでしょう。

　ただし、早めに買い出動するケースにおいては、当然、だましにあうことも覚悟しなければなりません。したがって、チャート上、

底値にあるか、スローストキャスティクスがどこにあるかなど、総合的に判断すべきです。私の場合はさらにファンダメンタルの判断や他の指標も用いています。

　さて、先ほどのチャートにおいては、他にも学習すべきポイントがあります。まず、MACDにおいては0ラインにも大きな意味があると前述しましたが、とくに意味があるのが0ライン近辺でMACDが反転するケースです。
　MACDが反転するケースを、おおまかに分類すると次ページ図のようになります。深いところで反転したほうが、一般的には上昇余地がありますから、（2）＞（4）となりそうです。しかし、私の経験上は、実は（2）と（4）の比較では、（4）のほうが上昇することが多くなります。
　MACDのしくみを考えればわかるとおり、0ラインよりMACDが上にあるということは、短期のEMAが長期のEMAを上回っていることを意味します。ということは、価格そのものがそもそも上昇トレンドにあるわけです。
　つまり、上昇トレンドにあったものが、上昇ペースが落ちてきてMACDが下向きになったものの、0ライン（EMAがデッドクロスするポイント）前後で反転し、上昇パワーが再び戻ったということは、つまり「押し目買い」のチャンスということを意味するのです。
　場面は先ほどのチャートと同じですが、あまり書き込むとわかり

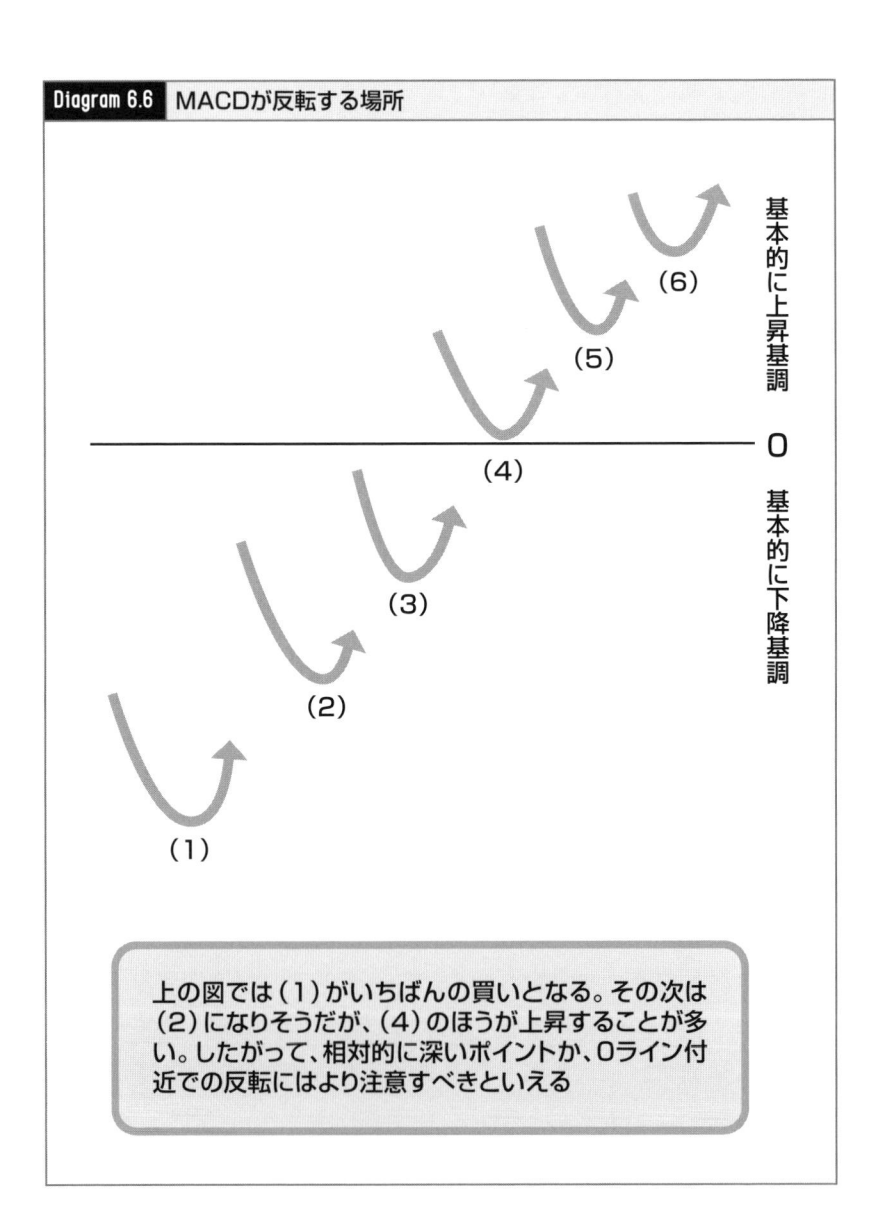

Diagram 6.6　MACDが反転する場所

(1) (2) (3) (4) (5) (6)

0

基本的に上昇基調

基本的に下降基調

> 上の図では(1)がいちばんの買いとなる。その次は(2)になりそうだが、(4)のほうが上昇することが多い。したがって、相対的に深いポイントか、0ライン付近での反転にはより注意すべきといえる

にくくなるので、再掲して説明します（次ページ図）。

　注目するのはaの点です。0ラインの付近でＭＡＣＤが反転し、買いシグナルとなっています。実際のチャートの動きも、このポイントを境にトレンドが転換し、104円近辺から108円超までドル高が進行しています。

　ここでよく見ていただきたいのは、移動平均線とチャートの関係です。このチャートには私がいつも使っている20日、40日の移動平均線が入っているため、ＭＡＣＤの基準となっている12日、26日の指数平滑移動平均線を示しているわけではありません。しかし、大づかみにしてみれば、上昇トレンドが続いているなかにおいて（40日移動平均線が上昇中）、上昇ペースが落ちてきたものの（20日移動平均線が下降）、デッドクロスするポイント（b）で再び上昇パワーが戻った、ということがわかると思います。つまり、ここは絶好の押し目買いのポイントであったわけです。

　ＭＡＣＤとスローストキャスティクスの組み合わせによるサインは、「大きな振幅の端と端」をとらえようとするため、「押し目」にはなかなか対応できません。それに対し、ＭＡＣＤの0ライン近辺での反転をチャートと移動平均線を合わせてみるやり方は、そこを埋めるという意味で、応用的に使えます。

　以上のように、ＭＡＣＤの反転サインをみる場合には、定性的な判断（したか、しないか）だけではなく、定量的な判断（深さ）も重要であると、私は考えています。

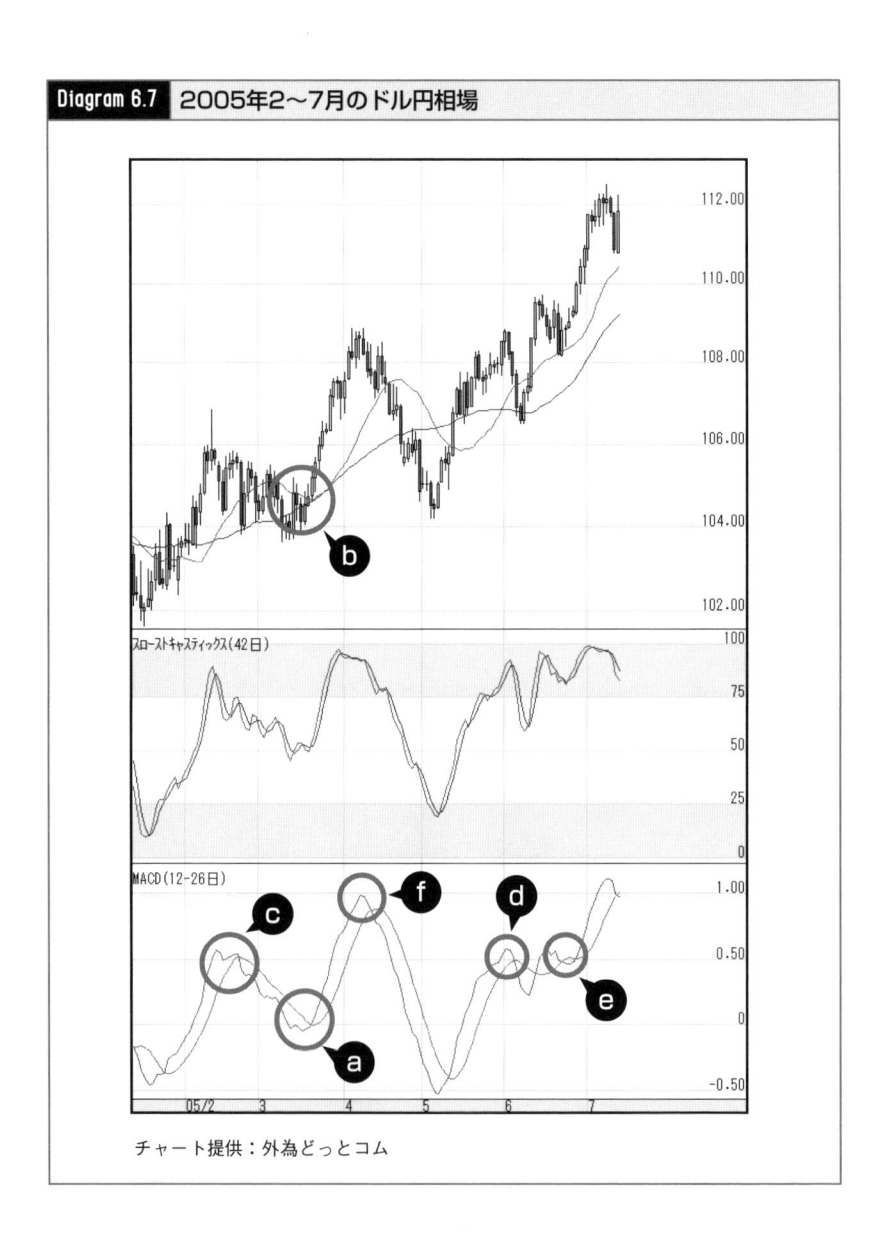

Diagram 6.7 2005年2〜7月のドル円相場

チャート提供：外為どっとコム

そうした意味では、深い位置での反転（1）のケースであっても、以前反転したいちばん深いところに近い値で反転すれば、それまでの下げが強い分、大きな反動を期待できるなど、過去に下落局面から反転した地点と比較してみることも、上昇の勢いを知るうえで重要な手がかりとなります。

　さらに、定量的な判断という視点でいえば、MACDの傾きにも注目する必要があります。できれば傾きを数値化して判断指標にしたほうがいいのでしょうが、むずかしいときには、見た目で傾きが緩やかか急峻かをみてもいいでしょう。
　これも、ちょうどいいサンプルがありますので、先ほどのチャート（左図）を使って説明します。
　チャートをみると、ｃの地点からａの地点にかけてはMACDの傾きが比較的緩やかに下がっていることがわかります。実際、ローソク足でももち合い（ゆるやかな下降）で、移動平均線はゆるやかに上昇となっています。
　このようなじり安の場合は、MACDは下向きになっていますが、まだMACD自体がプラス圏にあることとも合わせて判断して、安易に売ってはなりません。移動平均線を併用して現在のトレンドを確認して対応するのが賢明です。
　ｃからａにかけての場面はMACDが苦手とする状況もよく示しています。この場面はもち合いで、MACDによる売買ではだましが出ていることになります。どの段階でもち合いという判断をする

かはむずかしいところですが、若干の損は覚悟しなければなりません。

　同じチャートで、他にサインが出た場面としては、ｄとｅの地点があります。８章で手仕舞いの仕方について述べますが、ｄ地点は、１円下（トレーリングストップ）、ＭＡＣＤの反転、ローソク足の陰線が２本のいずれからみても、売りサインが出ています。直近の高値付近での反転でもあり、下落の可能性が高いことから、売るべき場面といえます。結果論からすると、ここで売った人は「トレンドから振り落とされた」ことになります。しかし、振り落とされることはよくあるのです。

　問題は、その後の対応です。ここでは、40日移動平均線で下支えされ、再びＭＡＣＤが反転、ローソク足でも陽線が連続して買いのサインが出ました。しかも、移動平均線の方向やチャートの流れからすれば、トレンドは変わっていません。したがって、たとえ売値よりも高いレートであったとしても、買い直すことが賢明な選択といえます。

　その後再びｅにおいて売りのサインが出ています。このとき、実際に私は知人たちに「どうするか」とたずねられ、次の理由で全部は売らないように言いました。

1　日米の政策金利の差が大きく、金利差が材料視される地合いであることからすると、方向性はドル高であること
2　20日の移動平均線にローソク足が下支えされており、押し目買

Diagram 6.8　MACDの精度を高めるには？

1 反転した位置を過去の相場と比較してみる

2 反転した角度が急峻か緩やかかをみる

3 0ライン付近での反転に注意
（押し目買いのチャンスとなることがある）

4 MACDが苦手とするもち合いの場面での
サイン点灯は信頼度が低い

5 大局的な相場観、移動平均線との関係により、
トレンドを考える

6 2回法をチェックする

いの状況であること
3　ＭＡＣＤの反転地点が0.5と、ｆの1.0より低いこと
4　ＭＡＣＤの傾きが非常に緩やかであること
5　104円から108円まで４％程度しか上昇していないので、まだ上昇余地があること
6　この段階ではもち合いに入った可能性を考えていたこと

　幸いにしてその後、112円まで上昇したわけですが、これは結果的に正しかっただけにすぎません。ｅの段階で上昇の勢いが弱かったのは事実であり、下降しても何の不思議もありませんでした。私自身も上昇するかどうかはまったくわかりませんでしたが、上記の理由により全部のポジションを売る必要はないと考えていたので、近いところにストップロスを入れて、どちらに動いてもいいように備えていただけなのです。

　このように実際の相場においては単純に割り切れないことも多く、だましもたびたび出現します。したがって、テクニカル指標を絶対視することは禁物です。ちなみに、だましを防ぐ方法としては、「２回法」というものがあります（前ページ図参照）。
　「いったんトレンドが反転し、そのトレンドが再び元に戻りかかったけれども、やはり継続した」というケースについて、トレンドの反転の確率は高いと判断するわけです。
　ＭＡＣＤのダブルトップやダブルボトムを売買のサインと見なすわけですが、できれば２回目の底のほうが高くなる（ダブルボトム

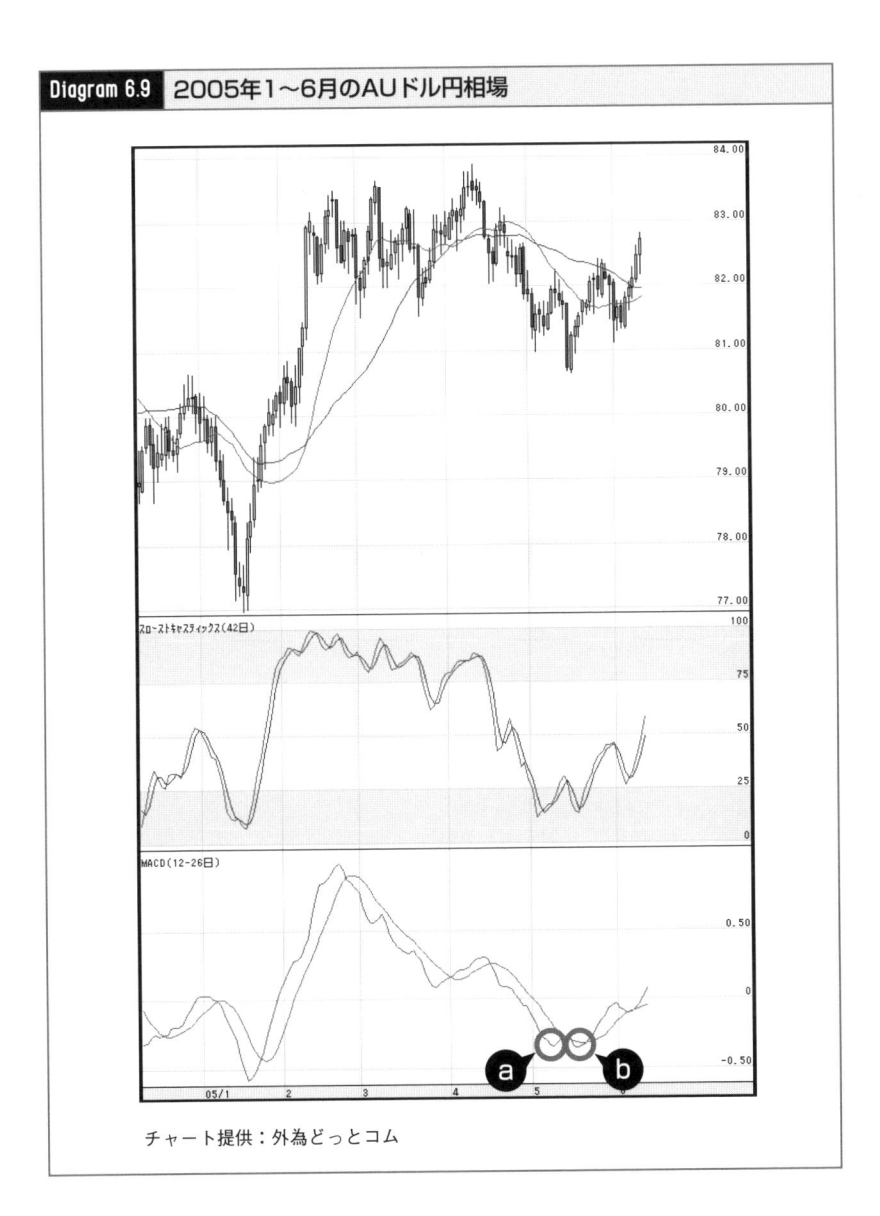

Diagram 6.9　2005年1～6月のAUドル円相場

チャート提供：外為どっとコム

の場合）のほうが精度が高くなります。

　具体的にはチャートをみていただいたほうがよくわかると思います（前ページ図）。チャートは2005年1月から6月のＡＵドル円相場です。ＭＡＣＤをみると、5月にａとｂの地点で2回のサインを出していることがわかります。この後、ＡＵドルは85円まで上昇しています。

　ただし、2回法は当然のことながら売買のポイントは遅れることになります。また、いつでも2回目があるわけではありませんから、場合によってはチャンスを逃すこともあります。

　サインを早めにとれば、だましにあうことが増え、逆にサインを遅めにとれば、乗り遅れるのは当然のことで、両方のいいとこ取りは、現実には不可能です。

　なお、最後に一つ加えるならば、ＭＡＣＤは指数平滑移動平均線をベースに成り立っていますから、直近の急変には反応しない、ということは知っておいてください。何か大きな事件が起こって、1日で何％も相場が動いたとしても、サインはまったく出ないこともあるわけです。

　指数平滑移動平均線をベースにしているということは、細かなノイズに左右されずにトレンドを測ることができるという点ではメリットがあります。そして通常はそのメリットを存分に生かして、トレンドをつかみ、収益につなげることができるわけです。しかし、その裏返しとして、仮に本当にファンダメンタルズを左右するよう

な大きな事件が起こっても、すぐには反応しきれないという弱点をもっていることは、しっかりと理解しておく必要があります。たとえば政変や天変地異など、場合によっては、サインが出たときには10円もレートが変わってしまった後だった、ということが起こる可能性もあるのです。

　したがって、最悪の場合を考えた防御的なストップロスを常に入れておくなどの対応は、とくにレバレッジの高い取引をしている場合であれば不可欠といえます。

　いずれにしても、テクニカル指標は絶対ではありません。あくまで確率であって、5分5分よりも精度が少し高ければ満足、という程度に考えて臨むくらいがちょうどいいのです。ただし、このように他の指標や判断基準を併用すると、MACDの精度はもっと高くできると私自身は考えて運用していますが…。

　読者のみなさんは、もしむずかしいと感じたならば、前著で述べたように単純に売買サインを機械的に運用してもかまいません。むしろ、ヘタな判断をすれば、相場の雰囲気や自らの心理状態に流される結果、よい成果に結びつかない可能性があることは前述のとおりです。

　実際、ここまででいくつか取り上げたチャートの期間を例にとってみても、MACDとスローストキャスティクスによる基本的なサインに従って機械的に売買をしただけで、利食いと損切りをトータルして、利益は上がっているはずです。

3 スローストキャスティクスのしくみと運用法

▶高値圏や安値圏でいつも為替レートが反転するわけではない
▶したがって、単独でサインとしてはならない
▶あくまでMACDを補助するための位置づけと認識する

　スローストキャスティクスはいわゆるオシレーター型のテクニカル指標で、その発想の基本は逆張りです。
　考案者のジョージ・レーンは、反応が速いファーストストキャスティクスと反応をゆるやかにしたスローストキャスティクスの2種類をつくりましたが、逆張り系の指標は反応の速さよりだましの少なさが必要という判断から、私はスローストキャスティクスを用いています。
　細かな計算式は省略しますが、その考え方は過去ｎ日間の高値と安値のなかで、現在の価格はどの位置にあるかを示す、ということであり、「過去の最高値に近づけば値が下がることが多い」という推計統計学的な判断をしているわけです。過去ｎ日間の最安値を０％、

最高値であれば100％として表すため、ＭＡＣＤとは異なって指数の推移には上限と下限があることになります。

このｎ日間は自分の投資スタイルに合わせて、短くしたり、長くしたりできますが、私の場合、短中期のスイングトレードにとって合理的であり、精度が高いという意味において期間を42日で設定しています。

スローストキャスティクスの判断の仕方はいろいろありますが、私の場合は85％ラインを超えると高値圏にあると判断し、15％ラインを下回ると安値圏と判断しています。

ここで多くの人が誤解しているので注意して欲しいのですが、85％ライン、15％ラインというのはあくまで「高値圏、安値圏にある」ということで、それ以上は上昇、下降しないという意味ではないということです。したがって、当然のことながら、スローストキャスティクスを単独で売買のサインとしてはいけません。

スローストキャスティクスにおける100％～０％というのは、あくまで限定された期間（ｎ。私の場合は42日）の高値と安値であって、実際の相場においては過去42日間の高値を超えて上昇、あるいは過去42日間の安値を割って下降することはよくあるのです。

そしてむしろ、それを超えたり割ったりしたときにこそ、大きなトレンド（大相場）に結びつくことが多いということを忘れてはなりません。実際、大きなトレンドが出るときには、スローストキャスティクスは上限あるいは下限近くに張り付いたまま推移すること

が大半なのです。

　これが、ＭＡＣＤが優先で、スローストキャスティクスは補助的なもの、と考えている理由です。

　したがって、スローストキャスティクスについては、大雑把にみて、高値圏にあるか安値圏にあるかを判断するのみで、あまり細かいことには気を配る必要はありません。

　一般には、２本のライン（％Ｄと％Ｄの３日移動平均線）のクロスが売買サインとされることがありますが、私の場合は、そのような使い方もしていません。

Chapter
7

チャートと併用して精度を高める

1 ローソク足のパターンを覚えても意味はない

▽

- ▶為替相場における1日の区切りは便宜的なもの
- ▶ローソク足一本一本の形にこだわっても意味がない
- ▶上昇中の陰線一本、下降中の陽線一本は無視するとよい

　チャートは、テクニカル指標以上に、全体の為替相場の動きを把握するうえで重要です。

　チャートについては多くの本も出されているように、その解釈の仕方もたくさんあります。詳しく説明すると何十ページにもなってしまいますから、ここでは要点だけを説明することにします。

　まず、チャートはその流れを大雑把にみることが大切です。感覚的な話になって恐縮ですが、数多くのチャートを見ることによって、上昇するとき、下落するときの形や流れがなんとなく判断できるようになるのです（すべてを当てることができるというわけでは、もちろんありません）。

　したがって、とにかくできるだけ多くのローソク足チャートをみ

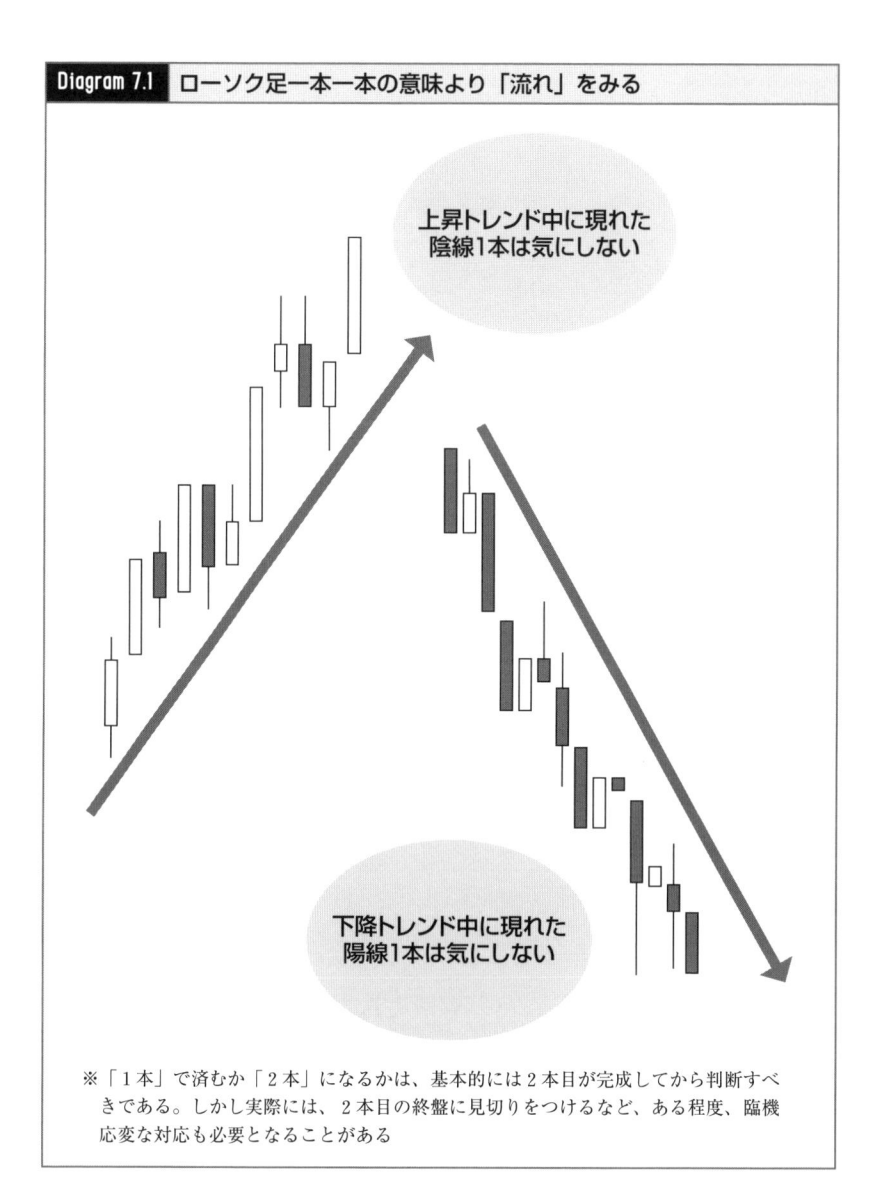

Diagram 7.1　ローソク足一本一本の意味より「流れ」をみる

上昇トレンド中に現れた
陰線1本は気にしない

下降トレンド中に現れた
陽線1本は気にしない

※「1本」で済むか「2本」になるかは、基本的には2本目が完成してから判断すべきである。しかし実際には、2本目の終盤に見切りをつけるなど、ある程度、臨機応変な対応も必要となることがある

ることが必要です。

　一方で、チャート分析の本などをみていると、いろいろなパターンやフォーメーションについての解説があります。感覚でなく、こうしたパターンを覚えるなど、ロジカルに勉強したほうが早く成果を上げることができるのではないかと思う人がいるかもしれません。たとえば、酒田五法などです。

　しかし、本に書いている多くのパターンをすべて覚えて、使いこなすことなどできるわけがありません。多くなればなるほど、お互いのサインの矛盾が出現し、またその解釈に恣意的な判断が入るからです。あるいは、前述した合成の誤謬が生じる可能性もあります。

　もし、多少はロジカルにチャートの勉強をしたいというのであれば、有効性の高いチャートパターンを一つひとつ見つけて、消化していけばいいでしょう。最初は一つだけでもかまいません。「このパターンは精度が高い」というものを見つけたら、それだけを利用するのです。そのほうが「使える」武器になるからです。

　チャートをみるにあたっては、株式市場と為替市場では少し異なる点にも注意が必要です。

　たとえば、「大陽線が出るとトレンドの強いきっかけになる」というのは株式市場において、しかも出来高を伴っている場合には、ある程度精度が高いサインです。しかし、為替相場においては必ずしもそうとはいえないケースも多いのです。また、十字線やトンカチがトレンド転換のサインになるといった見方も、私が検証してみた

ところでは、こうしたローソク足の単独サインの的中率は 5 割もありませんでした。

ご存知のとおり、一般に為替相場という場合、特定の市場があるわけではありません。地球が自転するのに合わせて、オセアニア、日本、ヨーロッパ、アメリカという順で、それぞれの国の銀行同士が為替の取引をしているレートの動きを、為替市場と総称しているだけなのです。したがって、為替市場における 1 日というのは、便宜上、ニューヨーク市場の午後 5 時で区切られているだけです。

したがって、たとえば日足で陽線がついたとか陰線がついたといっても、株式市場のように、その時点で市場に「集約」された需給の力関係が赤裸々に現れている、ともいえないわけです。

私は、取引の対象が株式か通貨かといった違いのほか、そうした市場構造自体も、二つの市場における"相場つき"の違いの理由だと思っています。

為替相場においても個々の陽線や陰線といったチャートのディテールにはもちろん意味はあるのですが、少なくとも株式市場におけるそれよりは重要性が薄いことは間違いありません。

私は、「上昇トレンドの最中に現れた一度だけの陰線は気にしない、下降トレンドの最中に現れた一度だけの陽線は気にしない」というルールをもっていますが（8 章参照）、その理由も、こうした為替市場のもつ性質に起因しています。

為替市場においては、一本一本のローソク足よりも、全体の流れの方向のほうが大切だということです。

2 中長期のチャートも併用して全体の流れをみる

- ▶ローソク足全体を流れとしてとらえることが大切
- ▶流れを確認するときは一段期間の長いチャートで「森」もみる
- ▶現在の位置(高、安)と方向(上、横、下)を「明確に意識」する

　ローソク足チャートのいちばん重要な役目は、全体像を把握することができるということです。

　たとえば、為替レートの推移にしても、数字の羅列でみていると、いま高値にあるのか安値にあるのか、それは上がりつつあるのか、下がりつつあるのかがよくわかりません。

　その点、チャートは「動きを視覚化」してみせてくれることが最大のメリットなのです。いまどこに進んでいるのかという方向性、今後どちらに進みそうなのかという動きを把握するために必要な、文字どおり海図(チャート)といえるでしょう。

　その意味では、効果的な使い方の一つめは、いま現在、相場は

Diagram 7.2　2005年8〜10月のユーロドル相場（日足）

ローソク足一本一本ではなく、全体の流れを見ることが大切

スローストキャスティクス（42日）

MACD（12-26日）

チャート提供：外為どっとコム

（それ以前の流れからみて）高値圏にあるのか安値圏にあるのかを把握するために利用することです。そして、二つめは、そこに至るまでの流れが、上昇トレンドだったのか下降トレンドだったのか、あるいはもち合いトレンドだったのかを把握することです。

つまり、一本一本の枝（ローソク足）にとらわれるのではなく、森（チャートの流れ全体）を見るわけです。

森を見るという意味では、どの期間のチャートをみるかということも大切です。

チャートは基本的には投資スタイル（短期なのか、中期なのか、長期なのか）によって使い分けます。

デイトレードをする人は5分足など短いもの、スイングトレードをする人は日足が基本です。数か月単位の取引（私はこれがいちばん為替の周期に近いような気がします）をする人は、週足と日足を使うことになるでしょう。

実際に注文を出すときには、上記のチャートを参考にすることになりますが、森を見るためには、上記のチャートよりも期間の長いもので全体の相場の勢いや流れを把握することです。

たとえば、デイトレードをする人は5分足を基本としながらも、相場の全体像や大きな流れを把握するために、日足をみるべきですし、スイングトレードをする人は日足を基本にしながらも、全体像や大きな流れを把握するために、週足をみるべきです。私もまずは週足で上昇トレンドか下降トレンドかもち合いかを把握し、実際の売買は日足をみて行なうというやり方をしています。

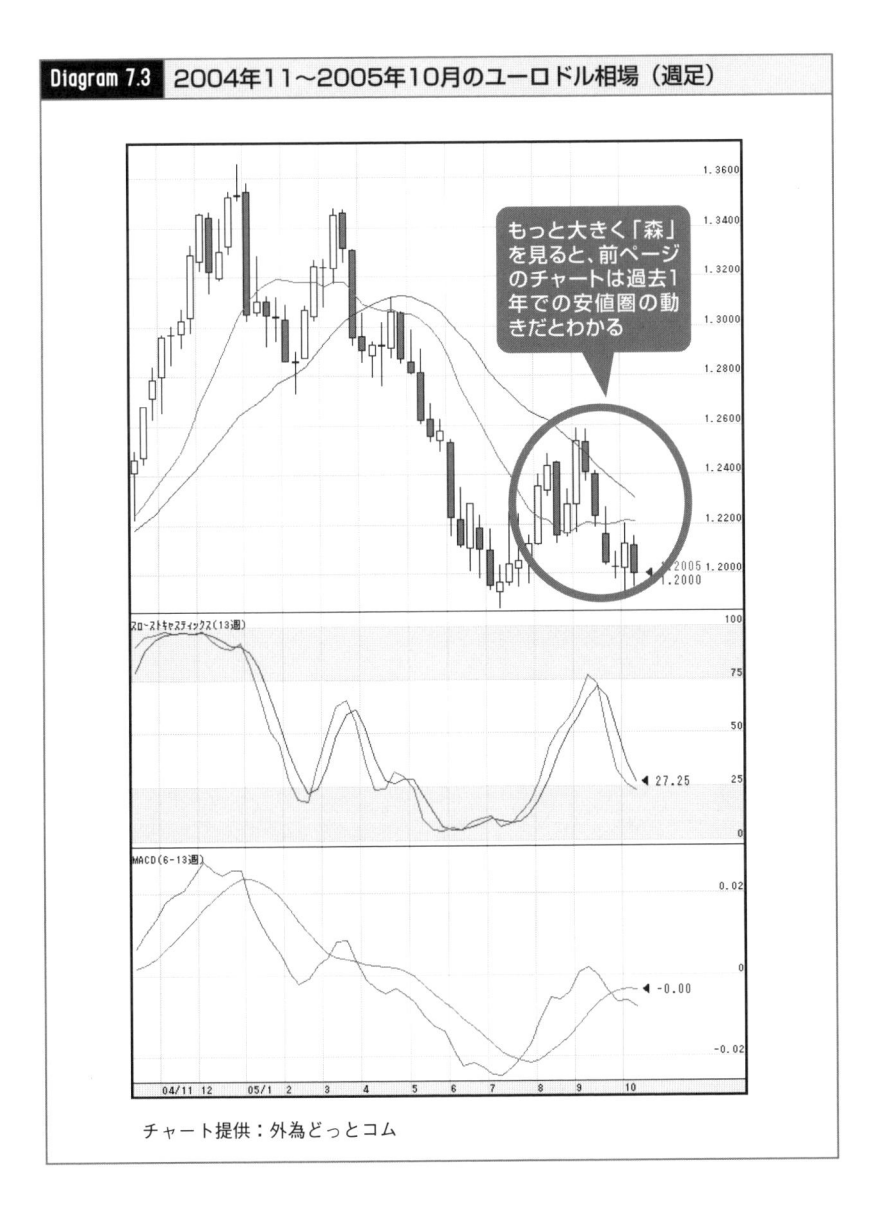

| Diagram 7.3 | 2004年11〜2005年10月のユーロドル相場（週足） |

もっと大きく「森」を見ると、前ページのチャートは過去1年での安値圏の動きだとわかる

チャート提供：外為どっとコム

全体像や大きな流れと書きましたが、相場の動きは、大きく分けて、上昇か下降かもち合いかの3つしかありません。もちろん、未来のことはわからないわけですが、少なくともここまでの流れが、このうちのどれかを知ることは重要です。
　そして、そのどれにあたるのかを明確に把握して、MACDやスローストキャスティクスのサインと合わせて判断するのです。
　チャートで上昇トレンドにあると判断しているときに、MACDの買いサインがあれば自信をもって買い出動できます。逆にチャートで下降トレンドにあると判断しているときにMACDの買いサインが出ても、買い出動は慎重にしなければなりません。あるいはもち合いのときはMACDのだましが増えますから、サインの判断は慎重に行なう必要があります。
　つまり、5章でも述べたとおり、テクニカル指標の精度は相場の状況によって変わるものであり、サインもチャートで全体の相場状況を確認したうえで判断したほうが、精度が上がるということです。

　こういう話をすると、「そんなことはわかっている」と言う人がいることでしょう。実際、この本を読まれる方のほとんどは、知識として十二分に知っていることだと思います。
　しかし、あらゆる情報には、みて思い出すことのできる「認識レベル」と自ら想起することができる「記憶レベル」と、意識に常にあって実践できる「実践レベル」とがあります。
　多くの人は認識レベルや記憶レベルで満足します。しかし、投資

Diagram 7.4　情報に対する判断と行動のレベル

相場で勝つためには
「実践レベル」が不可欠!

◎　実践レベル

常に意識にあって実践できる

✕　記憶レベル

自ら想起することができる

✕　認識レベル

みて思い出すことができる

の知識は実践レベルにまでもってこないと意味がありません。

　投資は数学に似たところがありますから、数学の例をあげて説明してみましょう。

　Xグループに、aならばA、bならばB、cならばCという考え方の含まれた問題を3問解いてもらいます。そして、解いてもらった後、とくに何も言わず、次の日にaならばA、bならばB、cならばCという考え方を利用する複合問題を解いてもらいます。

　続いて、Yグループにも、aならばA、bならばB、cならばCという考え方の含まれた問題を3問解いてもらいます。そして、解いてもらった後に「aならばA、bならばB、cならばCということを、問題を解くときにはいつも意識してください」と言って、実際に1分間その事実を復唱してもらい、次の日に何もいわずにaならばA、bならばB、cならばCという考え方を利用する複合問題を解いてもらいます。

　こうすると、たった1分間復唱するかどうかの違いですが、Yグループのほうが圧倒的に正解率が高いのです。これは「意識してください」という言葉によって、知識が実践レベルに近づいたからにほかなりません。

　ちなみにこのとき、Xグループに問題の解き方を説明すると、「わかっていたのに」という答えが返ってきます。何か、どこかで見覚えのある情景だと思いませんか？　相場で失敗したときに、同じようなことを言ったことはありませんか？

　相場も、さまざまな知識や経験、テクニックを組み合わせて対処

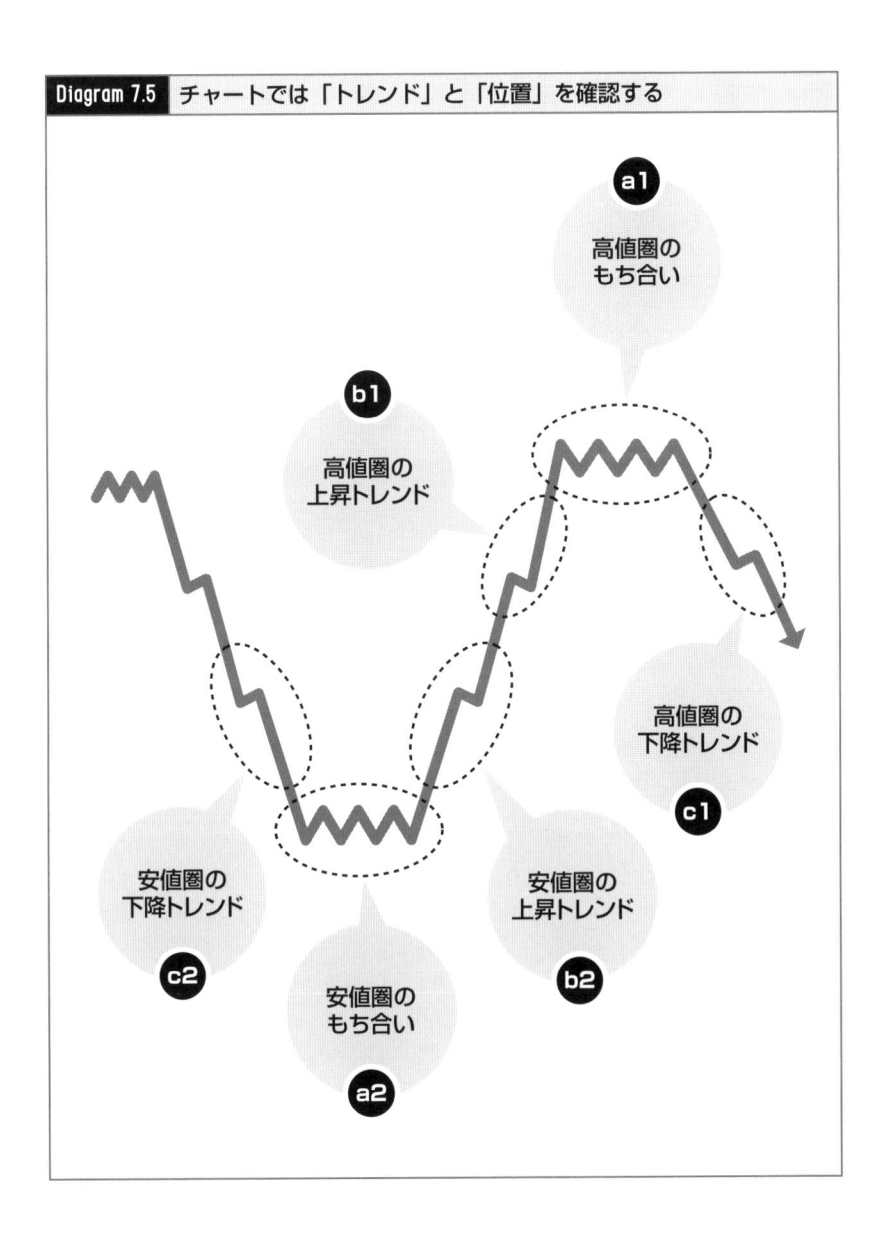

Diagram 7.5 チャートでは「トレンド」と「位置」を確認する

a1 高値圏のもち合い

b1 高値圏の上昇トレンド

c1 高値圏の下降トレンド

c2 安値圏の下降トレンド

a2 安値圏のもち合い

b2 安値圏の上昇トレンド

する点では数学に類似しています。ということは、相場においても、さまざまな知識を「実践レベル」にもっていくことが必要なのです。そういう意味では、この本に限らず、さまざまな本を読んで、「これは使えそうだ」という知識があれば、それを書き出し、ルールとして明確に意識し、実践することが大切だということです。

　チャートでは森をみることが大切だ、という話に戻ります。
　チャートでみることができる相場のトレンドには、もち合いか（ａ）、上昇トレンドか（ｂ）、下降トレンドか（ｃ）の３つがあり、そのどれにあたるかを認識して相場に望むことが必要であると前述しましたが、これに加えて、高値か（１）、安値か（２）の分類も加えると、相場という森には６種類の位置と方向があることになります（前ページ図）。
　高値圏のもち合い（ａ１）、安値圏のもち合い（ａ２）、高値圏の上昇トレンド（ｂ１）、安値圏の上昇トレンド（ｂ２）、高値圏の下降トレンド（ｃ１）、安値圏の下降トレンド（ｃ２）です。
　ここから何を認識しなければならないのでしょうか。それは、たとえば（ａ１）では下落のリスクがあるということです。また、（ｂ１）よりは（ｂ２）のほうが大胆に買いで臨むことができるでしょう。あるいは、売りのスタンスであれば、（ｃ２）よりは（ｃ１）のほうが都合がいいに違いありません。
　株式相場においては、半値になったり、逆に２倍３倍になることもよくありますから、高値圏、安値圏といった意識はそれほど強く

もつ必要はないかもしれません。しかし、実体経済により密接に関連し、政府の介入もある為替相場においては、相当大きなインパクトがない限りは、短期間に10％以上の変動が起こることはめったにありません。だからこそ、高値圏、安値圏という意識の重要性は増すことになります。

　これらは当たり前のことなのです。チャートについて勉強したことがある人なら、みんな後で聞けば、「わかっていたよ」ということなのです。しかし、実際にこれらを常に明確に認識して、対応（実践）できている人は少ないのです。

　テクニカル指標によるサインを判断するときには、こうした状況を合わせて考えることが大切です。単にサインが出たから買うとか売るといったやり方では（それでもある程度は勝てますが…）、精度と効率を上げることはできないということです。

　ちなみに、相場の位置と対応については、もち合いの場合は一般的には相場がどちらに動くかわかりにくいため、投資額を減らすか休むほうがよいとされています。株式相場においては、もち合って動きが読めないときは投資しない（休むも相場）が鉄則でしょう。

　しかし、ＦＸにおいては、現状では外貨の買いポジションには高いスワップ（金利）がつくという特典があります。したがって、レバレッジを下げたうえで、ゆるめの逆指値を入れ、買いポジションをもち続けて収益を上げるというのもよい方法です。

3 レジスタンスラインとサポートライン

▶ 相場参加者の多くが意識しているテクニカル指標は有用だ
▶ レジスタンス・サポートラインは為替相場においては有用な指標
▶ レジスタンス・サポートライン付近では恣意的な動きに注意

さて、為替相場においてチャートを活用する場合、前述した「全体像をみる」ということ以外に、大切なポイントがあります。それは、レジスタンスラインとサポートラインです。5章で、「多くの投資家が注目している指標は、多くの人が注目しているという事実そのもののおかげで精度が上がる」と書きましたが、その最たる例が、為替相場におけるレジスタンスラインとサポートラインです。

日本の株式相場においては、レジスタンスラインとサポートラインの有用性は低いと、私は感じています。しかし、海外の投資家が相場のメインプレーヤーである為替の世界では、レジスタンスラインとサポートラインを注目している人が多いため、レジスタンスラインで値が止まったり、逆にレジスタンスラインを突破すると急上

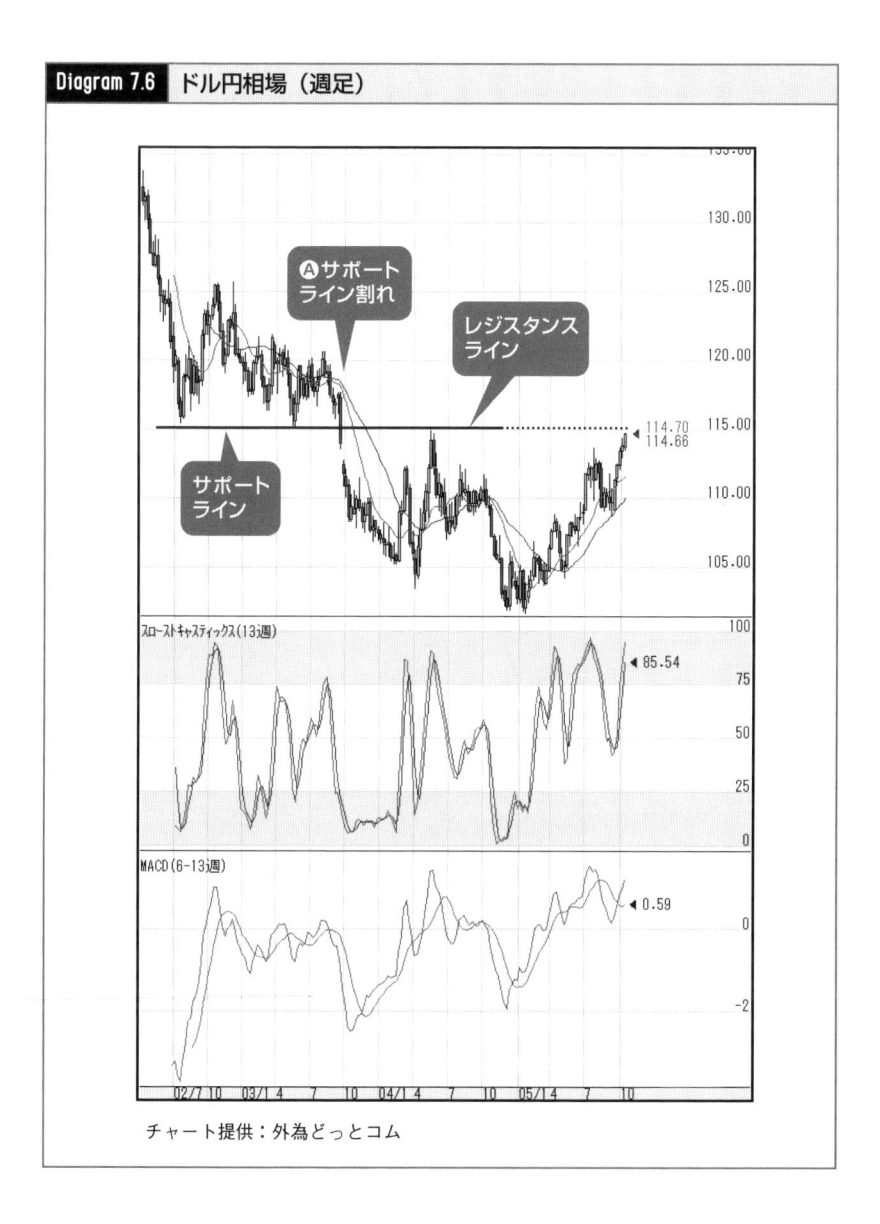

Diagram 7.6　ドル円相場（週足）

チャート提供：外為どっとコム

Chapter 7　チャートと併用して精度を高める

昇するということが、経験上よくあります。

　そして、いったんレジスタンスラインを突破した相場では、元のレジスタンスラインがサポートラインとなります。逆に、いったんサポートラインを割った相場では、元のサポートラインがレジスタンスラインに変わるのです。

　実際のチャート（前ページ図）でレジスタンスライン、サポートラインについてみてみましょう。

　2002年7月から2003年8月ごろまで、ドル円相場は115円のサポートラインに支えられていました。そして2003年1月ぐらいからは上は120円をレジスタンスラインとし、下は115円をサポートラインとするいわゆるもち合い相場となっています。約5円程度の値幅ですが、実際には方向感が乏しく、どちらに動くかは判断が困難なむずかしい相場だったのです。

　それがA地点でついにサポートラインを割れた後は、ほぼ一直線に105円までの円高が進行しています。そしてその後は、逆に115円をレジスタンスラインとして、現在に至っているのです。

　とくに、サポートラインを割れた2003年9月19日金曜日から、土日をはさんで22日の動きは圧巻で、19日の終値が113円90銭台だったものが、22日はドル円相場にはめずらしく1円以上のマドを空けて112円台半ばで始まったのです。この急激な円高を受けて22日の日経平均も暴落したことを覚えている方も多いかもしれません。

　次はユーロドル相場（右図）です。これも2003年5〜6月にかけ

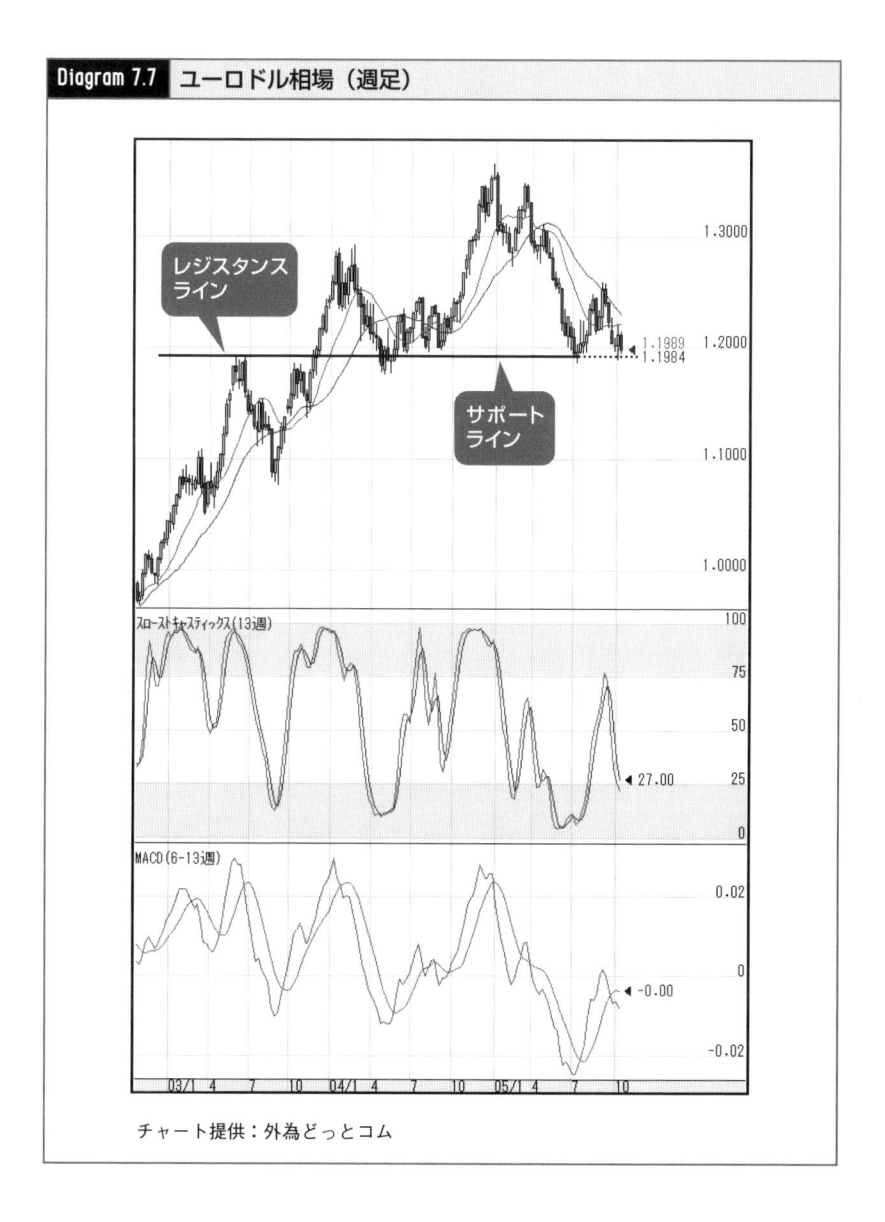

| Diagram 7.7 | ユーロドル相場（週足） |

レジスタンスライン

サポートライン

1.1989
1.1984

スローストキャスティクス（13週）
27.00

MACD（6-13週）
-0.00

チャート提供：外為どっとコム

て抜け切れなかった1.2前後のレジスタンスラインを12月に抜けた後は、逆にその水準がサポートラインとなっていることがわかります。

このように過去の相場をみると「偶然の域を超えて」レジスタンスライン、サポートラインが作用していることが確認できるのです。

以上は週足チャートによって大きな動きをみましたが、日足、時間足、5分足などにおいても、スケールは小さいものの、似たような動きはよくみられます。

ですから、レジスタンスラインやサポートラインとなる水準を目安に損切りポイントを定め、ポジションを維持するということには一定の合理性があります。ただ、この方法には注意点があります。

プロのディーラーのなかには、このレジスタンスラインやサポートラインを利用して、売買を仕掛ける向きも多いからです。たとえば、レジスタンスライン突破を逆指値で買い、ほんの少しの値幅を抜いたら手仕舞う、あるいはサポートライン割れを逆指値で売り、やはりほんの少しの値幅を抜いたら手仕舞うといったものです。これは、レジスタンスライン突破後の瞬間的な急上昇や、サポートラインを割れた後の瞬間的な急落を狙い打つやり方ですから、短期的には再び何事もなかったように元に戻ることも多いのです。

そうした結果、サポートラインやレジスタンスラインにロスカットを置いている投資家は、その注文をつけられて（ロスカットさせられて）、利ざやをかすめとられるだけで終わることになります。

また、サポートラインやレジスタンスラインなど節目の水準にお

いてはヘッジファンドなどの思惑的な動きに巻き込まれることもあります。

　最近のヘッジファンドは通貨オプション取引の比率を高めていると聞きます。たとえば、ＯＴＭ（アウト・オブ・ザ・マネー）のプットオプションを買ったあとで、ＡＴＭ（アット・ザ・マネー）となる地点まで実通貨の売りを入れ、プットオプションの利益を上げるといった方法です。この場合、プットオプションの利益をとったあとは、実通貨を買い戻す動きが起こりますから、価格は元に戻ります。つまり、レジスタンスラインやサポートラインをまたぐだけの"だまし"が増えてくるわけです。

　したがって、レジスタンスラインやサポートラインを突破したからといって、いつもそこから値が飛んだり（急上昇、急下降）、新しいトレンドが始まるわけではありません。結果的にみると、そうなることが多いのは事実ですが、決め打ちはすべきでありません。とくに「ラインを若干超えてから戻す」ことはよくあるので、チャートからみて、レジスタンスラインやサポートラインになっている水準においては、仕掛けや手仕舞いの逆指値注文をギリギリに入れるのは避けたほうがいいでしょう。

　また、こうしたラインは115円、120円などキリのいい数字につくことも多くあります。多くの人が利益目標や損切りをキリのいい数字に置きたがるからです。したがって、注文を出すときには、キリのいい数字にしないということも心がけておくべきです。

4 チャートとサインを用いたスイングトレードの例

▼

- ▶MACDが使える場面、使えない場面を区別する
- ▶チャート、移動平均線、相場観から総合的に判断する
- ▶「より確率の高い動き」をとることができれば十分だと知る

　ここまで、チャートを用いる際の注意点について述べてきましたが、以下では、実際の相場において、私がどのように考え、行動したのかの例を挙げてみましょう。

　168ページのチャートはAUドル円相場です。
　2005年1月17日前後（a）にMACDが底値から反転しました。スローストキャスティクスも低値で、買いサインが出ています。これは2004年9月以来の、久々の大きな買い場でした。
　前著を書いたのが2004年11月ごろで、そのなかに取引事例として2004年9月のAUドル相場を載せたのですが、出版されたのは2月でした。もう少し早く出ていたら、本の発売直後に読者のみなさん

は絶好のチャンスに遭遇できたはずなのに、残念でした。しかし、相場はこれから先も続きます。また大きなチャンスは必ずきますから、じっくりとチャンスを待ちましょう。

それはさておき、このチャートにおけるa以外の買い場としては、bがあります。6章の「2回法」でも取り上げたポイントです。

一方、cとdは0ライン付近での反転であり、サインとしても強めで、実際、上昇しました。

AUドルはスワップが高いため、売りから入ることを私は勧めていませんが、eとfでは売りシグナルが出現しています。

eで売ってbで買い戻し、fで売ってdで買い戻すことができれば、小さな利益が得られたかもしれませんが、売らないでもよかった場面です。eはもち合いになるという認識があれば、すべてを売らずに済んだでしょう。また、gは0ライン付近の反転ですが、やはりもち合いの場面ですから、サインとしては精度が低いものだという認識が必要です。

ひとつ念頭においていただきたいのは、実はこの期間はトータルでは上げトレンドであるということです。先に述べた「期間の長いチャートで全体の相場の勢いや流れを把握する」ということですが、たとえばこの期間を週足チャートでみると、b地点は26週移動平均線でサポートされていることがわかります。

ですから、レバレッジが低く、よい値段で買いポジションをもてた人にとっては、「ずっとそのまま」という選択肢もあったでしょう。あるいは、一部のポジションはもったままにし、上乗せ分について

Diagram 7.8　AUドル円相場

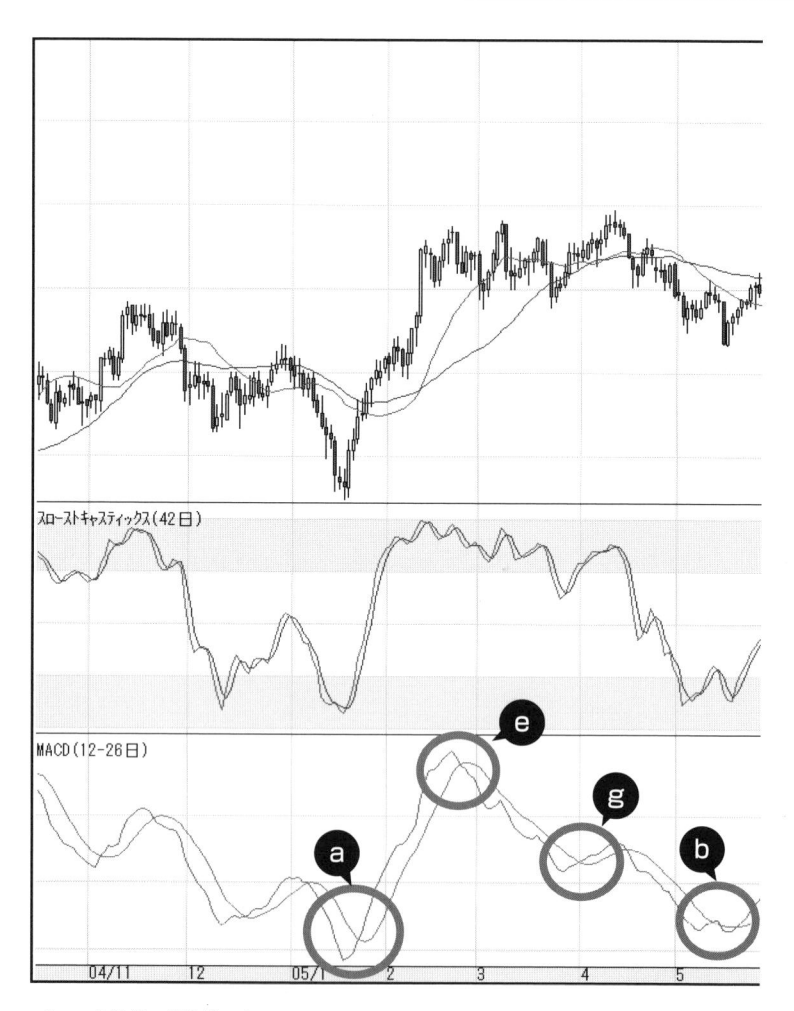

チャート提供：外為どっとコム

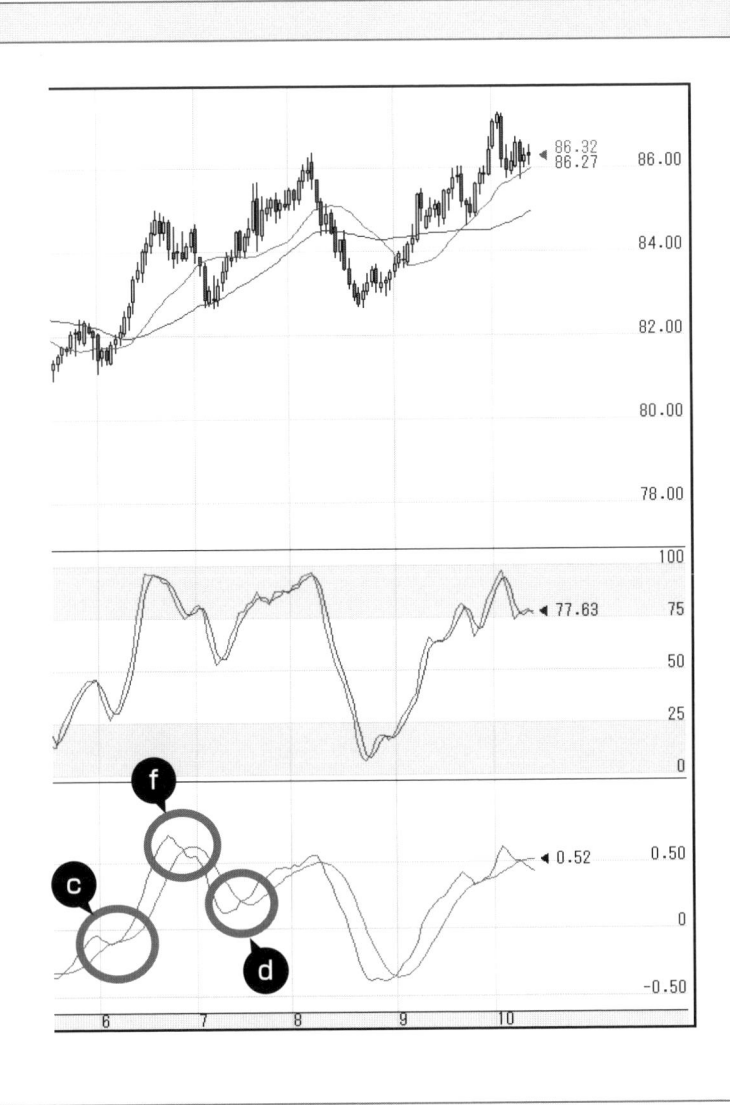

Chapter 7 チャートと併用して精度を高める

は、（これによってレバレッジが上がっているわけですから）細かい売買を行なうというスタンスもあります。ちなみに私の場合は、後者のやり方が中心です。

　次のチャート（172ページ図）はユーロ円相場です。
　2005年1月のaはスローストキャスティクスが低値でMACDが急峻な角度で上昇しているので、買いサインとみなせます。実際、その後ユーロは上昇しています。bにおいて大きめの調整が出ていますが、MACDは反転していません。もし、1円下（トレーリングストップ）かローソク足の陰線が2本というルールによって手仕舞ったとしても、MACDでトレンドが継続していることと、強い陽線で切り返していること、さらにいえばWボトムの形状になっていることと合わせて判断し、買い直すべき場面です。6章でも述べたように、こうした振り落としの場面はよくありますし、売り値よりも高いレートで買い直すことも、場合によっては必要なのです。その後、c地点で調整がありますが、「上昇中に出た一度だけの陰線は無視する」という考え方を適用すれば、トレンドに乗り続けられたはずです。為替においては陽線、陰線に誤差が生じるということは、先に述べたとおりです。結果として、134円から140円近くまでの利幅をとれたことになります。またd地点でも同様のサインが出ており、実際にユーロは上昇しています。ここでも大きめの調整が出ていますが（e）、bと同様に、振り落とされたならば買い直しが必要な場面です。

次にチャートでレンジの範囲内でもみ合いをしている部分（f）をみてください。この場面では、方向性に乏しく、どちらに動くかわからないという認識で相場に臨み、テクニカル指標の精度が落ちているという意識が必要です。

　ｇ１でＭＡＣＤによる売りサインが出て、チャートのｇ地点でレンジを破った後は急落しています。しかし、これをみて、「ＭＡＣＤは先の暴落を予測するなんてやっぱりすごい」などと思ってはいけません。それはテクニカル指標に対する妄信です。

　この急落はたまたま正じたものです。この地点でのＭＡＣＤの売りサイン（ｇ１）はかなり弱いものです。ＭＡＣＤの角度が緩やかであり、反転の位置も低いうえに、何より直前はもち合い相場であり、テクニカル指標の信頼度が下がっている局面なのです。ｇ２ポイントでＭＡＣＤの角度が急峻になっていることをとらえて売ることができたかもしれませんが、これも実際にはむずかしいでしょう。これはＭＡＣＤの精度ではなく、感度の問題なのです。この場合は、チャート的に見てサポートラインを割れたことによって、ユーロが下落することを予想できましたが、ＭＡＣＤで判断できた場面ではありません。

　なお、ｈ地点もＭＡＣＤがゴールデンクロスしていますが、角度が緩やかであり、もち合い相場ですから、サインに従うのは避けたほうがよい場面です。サインに従うなら、ストップロスを入れておくべきでしょう。

Diagram 7.9　ユーロ円相場

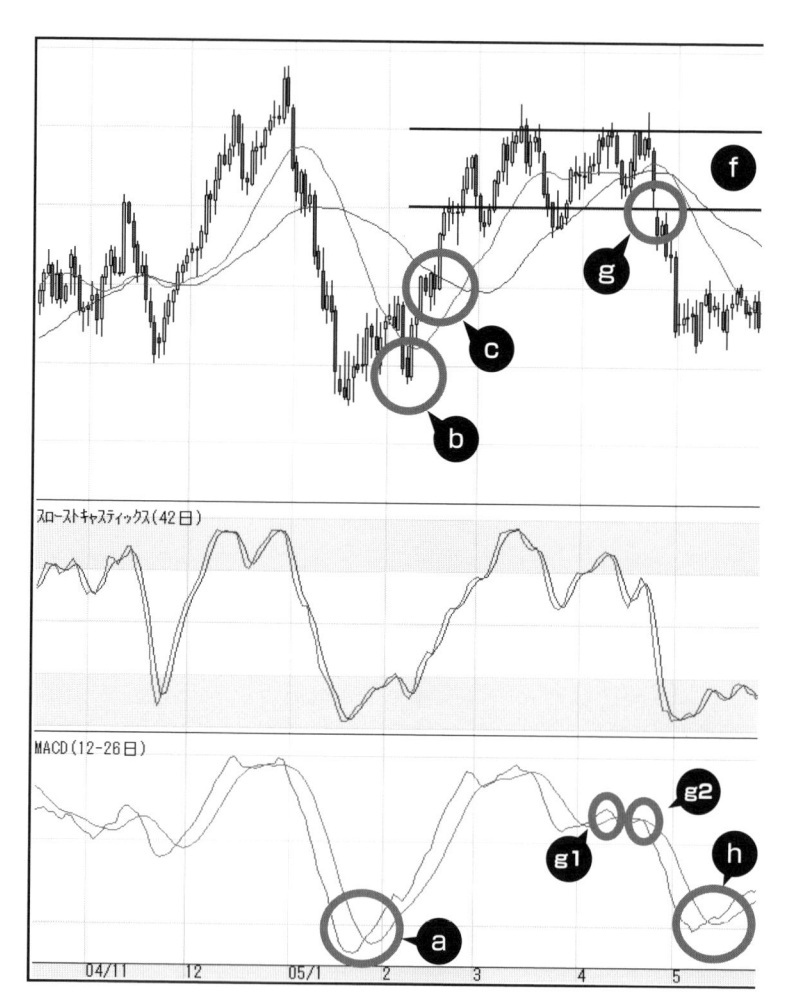

チャート提供：外為どっとコム

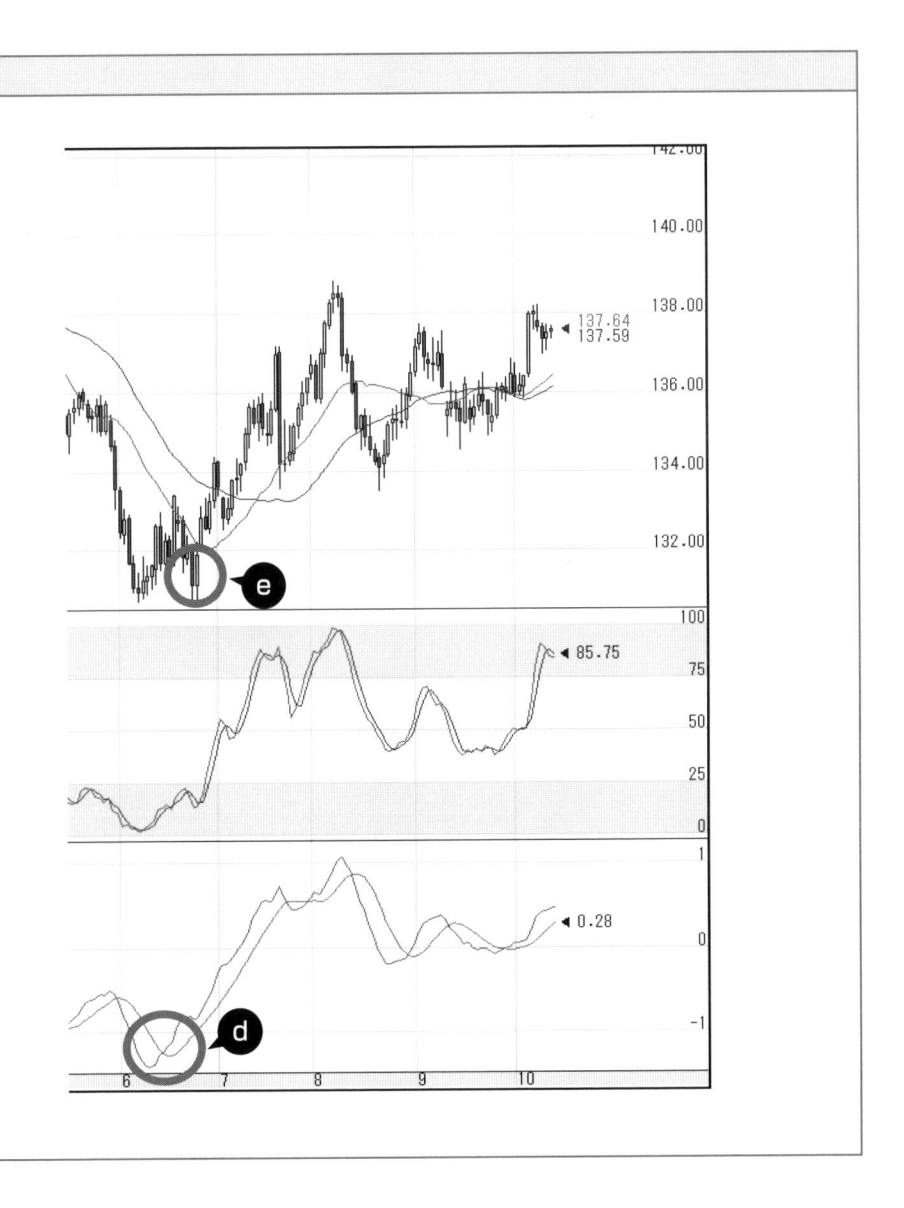

Chapter 7 チャートと併用して精度を高める

さて、いまこのようにチャートを並べて検証してみると、MACDは必ず相場の動きを反映していることがわかります。もしかすると、「相場の動きはこれでわかるゾッ」と考えている方もいるかもしれません。しかし、勘違いしてはいけません。そもそもテクニカル指標というのは為替レートのデータを元に、あとから描かれているのですから、そんなことは当然なのです。

相場はそれほどカンタンではありません。たとえば、「チャートの右端」の段階において、次にどうなるかを予想するのは、非常に困難だと気付きます。試しに、チャートをプリントアウトし、その右側を紙で隠しながらMACDやスローストキャスティクスの動きを追いかけ、価格は上昇するか、下落するかを予想してみてください。

どれぐらい当てることができましたか？

すべてを当てようとすることには、ほとんど意味がないと気付くはずです。すべての動きをテクニカル指標によってとらえようと妄信するから、迷宮にはまるのです。

ただし、「あるパターンに該当すれば、次は上がる、下がる確率が高い」というものを拾い上げることはできます。ここに売買サインの意味があります。そして、そうであるならば、その他については、率直に「わからない」と割り切って、捨てればいいのです。これが「休むも相場」です。

さらに、売買サインが出た、すなわち相場の先行きを予想できる確率が高い場面について、（そのまま従っても十分なのですが）より精度を高めるために努力は惜しまないという人は、ファンダメンタ

ルズやチャートのことを学び、総合的に判断するといいということを、私はこの本で提案しているわけです（もちろん、そういう技術論の前段階として「勝つ確率が高い投資行動」を身につけていただきたいことはいうまでもありません）。

　相場、とくにテクニカル分析は、研究し始めると非常に面白いし、興味が尽きません。多くの人がその世界に魅了されてきました。それでも、古今東西、完全な錬金術は見つかっていないし、今後もおそらく見つからないでしょう（一部の裁定取引は完全な錬金術に近いものがありますが、個人投資家がそのおこぼれにあずかれるスキマはほとんどありません）。

　しかし、情熱と努力をもって頭をフル回転させ、精神状態と体調管理に気を配りながら、そこに挑戦すること自体が面白いのです。私自身も、もちろん儲けたいという目的も当然ですが、ゲームに参加すること自体が面白くて、この世界を楽しんでいるのです。

　だから、この本を手にしてくださった方のなかからも、一人でも多く、そのように考え、一緒にがんばろうという人が現れてくれれば、望外の喜びです。

Chapter 8

仕掛けから
手仕舞いまでの実践

1 注文方法の選択 指値か成り行きか？

▶ 強いトレンドが発生したときには成り行き注文で動きにつく
▶ 動きに余裕があるときには「10銭下か上」で約定する可能性が高い
▶ 「1円下」の指値で買いたいときは、合理的な理由を再検証すべき

　さて、テクニカル指標を利用して仕掛けのタイミングを判断できたとしても、実際にどうやって注文を出すかについては、注意しておいたほうがいいポイントがいくつかあります。
　タイミングではなく、実際の注文のやり方次第で、仕掛けや手仕舞いをより有利に行なうこともできますから、まさに「実践」に使えるノウハウとして、身につけておくべきことです。

　FXにおける基本的な注文方法は、指値注文（リミットオーダー）、成り行き（プライスオーダー）です。指値注文とは売買注文を出すときに「自分の希望の価格」を指定する方法です。一方、成り行き注文は、FXの取扱会社が提示している価格をそのまま受け入れて、

売買をする方法です。しくみ等の詳しいことについては、前著あるいは他の入門書などを読んでみてください。

ここで重要なのは、2つの注文方法をどのように使い分けるかです。

結論を先にいえば、
1　市場に急激な動きが出て、強いトレンドが発生したときは成り行き注文
2　それ以外のときは指値注文
ということになります。

為替相場においては、トレンドが発生するとその流れが継続しやすいということは先に述べました。さらにいえば、とくに「トレンドの初期の段階では、あまり上下を繰り返すことがなく、勢いよく上昇あるいは下降することが多い」のです。

したがって、そういう動きをみながら、「少しでも安く買おう」とか「少しでも高く売ろう」として指値注文をすると、注文がつかないという目にあいます。

ちなみに私は、強い、緊急を要するサインだと判断したときにはまず一定の枚数の成り行き注文を出し、残りの購入予定枚数には指値注文を入れるという方法を使います。

次は指値注文です。指値注文は現在のレートのどれくらい下（買いのとき）、あるいは上（売りのとき）にしたらいいのでしょうか。

私の場合は、基本的には「10銭程度上か下に指値すれば約定する

可能性が高い」というスタンスで臨んでいます。

　たとえば、1ドル＝110.50―110.55というレートのときにドルを買う場合は、1ドル＝110.45で指値を出します。売りの場合は10銭高い1ドル＝110.60です。10銭ぐらいであれば常に上下しているブレの範囲内ですから、ちょうどよく約定する可能性が高いのです。ちなみに、ブレの範囲内といってもバカにはできません。手数料分ぐらいにはなるのですから、トレードを繰り返すほど効いてくることになります。

　これに対して、たとえばゆるやかな上昇トレンドにあるような場合に、できるだけ安く買いたいと、現行レートの1円下に指値注文するような人がいます。しかし、この方法は逆に危険なやり方だと私は考えます。

　たしかに1円も下で買えれば、トクをした気持ちになるかもしれません。しかし、買いサインが出た後で、1円も下にブレるようなときは、上昇の勢いが非常に弱かったり、場合によっては買いサイン自体がだましであった可能性があります。ヘタをすると、トレンドが変わった可能性すらあります。

　つまり、現在の1円下になるときは、買いを考えるのではなく、どう手仕舞うか（売るか）を考えるときである可能性が高いわけです。短中期のスイングトレードにおいては、通常、110円のレートで買った場合の109円というのは、すでに損切りを考える水準です。逆説的な言い方ですが、1円下で安く買えるときは、その値は安くな

い、といえるのです。

　ただ、こうした水準の考え方は、レバレッジや投資スタイル、投資期間によって変わってくることはもちろんです。たとえばレバレッジを１～２倍程度にして、長期的な保有によってスワップ金利を狙っている投資家にとっては、長期のチャートなどで大局的な流れをみて、トレンドに大きな変化がない限りにおいては、１円程度のレートの上下は影響が大きいとはいえません。したがって、現行レートの１円下で買おうとするのは間違いでないこともあります。

　なお、仕掛けは分散すべきであるということは前著にも書いたとおりです。仕掛けのサインが出たら、ピンポイントで、しかもいちばんいいタイミングで買うことができればそれにこしたことはありません。しかし、通常はそのようにうまくはいきません。

　したがって、たとえば今回は10枚買う（売る）と決めたならば、たとえば１日ずつずらして４枚、３枚、３枚と買う（売る）わけです。２回目、３回目にかけて為替レートが不利に振れると、結果的にナンピン（買い下がり、あるいは売り上がり）のようになることもありますが、ベースにある考え方はまったく違います。もちろん、逆に乗せ（買い乗せ、あるいは売り乗せ）になることもあります。

　こうすることにより、平均レートをとることができますし、仕掛けにあたってきめ細かな対応をすることも可能になります。複数枚を仕掛ける場合には心がけておくべきです。

column

取引会社の選択について

　セミナーなどを行なうと、「どこのFX取引会社がおすすめですか？」という質問を、よくいただきます。

　2004年7月より金融先物取引法が改正され、FX取引の会社にも自己資本の基準がつくられました。そのため、以前に比べてFX取引会社に対する信用リスクは軽減しました。とはいえ、FX取引会社を選ぶにあたっては、「信用できる」しっかりした会社を選ぶことがまずは第一です。

　そして、より安全を期するなら、いくつかの会社に資産を分配するほうが賢明です。私の場合はいくつかの会社に口座をもち、高レバレッジ型、預金型など大雑把に運用スタンスを分けて利用しています。

　また、実際の取引においては、その会社のシステムがダウンするようなこともまれにありますから、この意味でもいくつかの会社の口座をもっておくことは意味があります。

　たとえば、ドルを買い持ちしているときにドルが暴落し、システムがダウンしたらどうなるでしょうか。そこの会社では決済することができません。対応策としては、他社に開いている口座を利用して、買っている額以上のドルを売る、すなわち両建てにするしかありません。

　通常、両建ては手数料を考えれば賢明な方法ではありませんが、このような緊急事態においては、有効な方法になりうるのです。そのためにも、複数の口座を開いておいて、実際に保証金を入れておく必要があります。

　メインの取引会社としては、手数料の安いところを選ぶべきです。

　この場合、見かけの手数料だけでなく、スプレッドも加味することが大切です。FXの取引においては、片道手数料×2＋スプレッドが実際のコストとなります。手数料のトータル利益に対する影響は売買回数が大きくなればなるほど無視ができなくなります。

　デイトレードをする人は、手数料が無料の会社を選ぶという選択肢もあるでしょう。ただし、数か月間、取引がなかったら、口座管理料がかかるなどのしくみになっていることもありますから、自分の取引スタイルに合ったところを選ぶことが大切です。

　手数料以外のチェックポイントとしては、チャートの見やすい会社、ニュースやレポートなどが充実している会社などがあります。いろいろと比較検討してみるといいでしょう。

2 損切りの手仕舞い（ロスカットの考え方）

▶「大きく負けない」ために合理的な水準での損切りは必須
▶低レバレッジでスワップ狙いの場合は大局的な相場観で判断する
▶ドル円なら１円下、あるいは陰線２〜４本で行なう方法もある

　相場においては、１回１回の仕掛けで勝つことはむずかしいうえに、大きく勝つことはさらにむずかしいといえます。そうしたなかで、トータルで勝つためにはどうしたらよいのでしょうか。

　パレートの８対２の法則というものがありますが、相場においても、投資家の８割の損得は20％のトレードに起因するといいます。つまり、10回のうちの２回の大きな勝ち負けが勝敗を決するのです。これを考えると、勝つことだけではなく、負けないこと（大負けしないこと）の重要性がおのずと明白になってくるでしょう。つまり、２回大きく勝つことも大切ですが、２回大きく負けないこともまた、同じぐらい大切だということです。

　そのためには、損切りが最も重要です。

株式投資においても、「株価が戻るまで塩漬けにしていればいい」という考え方はまったく非合理的なものです。なぜなら、その間、塩漬けにされた資金は利益を生み出さないため、資本に対する利益率を上げることができず、投資効率が下がるからです。利益は１回の利益×回数ですから、この回数が低下するような塩漬けは理論的に間違いなのです。塩漬けにするぐらいなら、より上昇の可能性が高い銘柄にその資金を投資をしたほうが利益を生み出す確率が高いわけです。
　ＦＸにおいては、レバレッジのかけ方によって多少、考え方が異なってきます。
　高いレバレッジをかけて投資をしている場合は、塩漬けは投資効率を下げるばかりか、強制決済によって全財産を失う可能性のあるギャンブルです。絶対に、損失を塩漬けにすることは避けなければなりません。
　一方、レバレッジを１〜２倍程度にして、スワップ金利をメインに考えている投資家は、損切りにそれほど神経質になる必要はありません。この点は前著にも書いたとおりです。
　株と異なって基本的にはデフォルト（債務不履行）の心配が小さいうえに、高い金利がついているのですから、むしろかなり下がったときに、ナンピン買いをして平均単価を下げることもあるでしょう。
　為替レートが半値になるにはかなりの時間とエネルギーとファンダメンタルズの変化が必要となります。１ドル100円が50円になる状

況を考えてみるとよくわかると思います。

　ＮＺドルで考えた場合、金利の平均が年利６％程度で推移すると考えると、８年後に為替レートが半値であれば、利子と為替差益がほぼ帳消しになる計算です。途中で何度かナンピン買いを入れて平均単価を下げていれば、利益を出すことも可能でしょう。

　ただし、追加でナンピンするわけですから、あくまで保証金のほかに十分な資金をもっていて、しかもいざとなったらそれを投資に回すことができることが前提です。また、当然のことながら、相場に「絶対」はありえません。ドル円相場が200円を超えていた時代があることを考えると、現在の対円レートが半値になるような円高になることも経済状況次第では起こりえないことではありません。仮にナンピンをする場合も、大局的な相場観をもち、長期的なトレンドには注意しておく必要があることはいうまでもありません。

　逆にデイトレードでは短期に利益を上げ、資本の回転率を上げることが必要ですから、損切りも早めに行なう必要があります。デイトレードではすべてのタイムスケールが短くなるため、１回当たりの利益も小さくなります。したがって大きな損を１回の取引で出すことや、損をもち続けることを避けなければならないからです。

　さて、話を短中期のスイングトレードに戻します。仕掛けたばかりなのにすぐに下がった場合とか、チャートで底近いと判断しているときに、それを割りそうになった場合など、損切りするかどうかを悩む場面は多々あります。

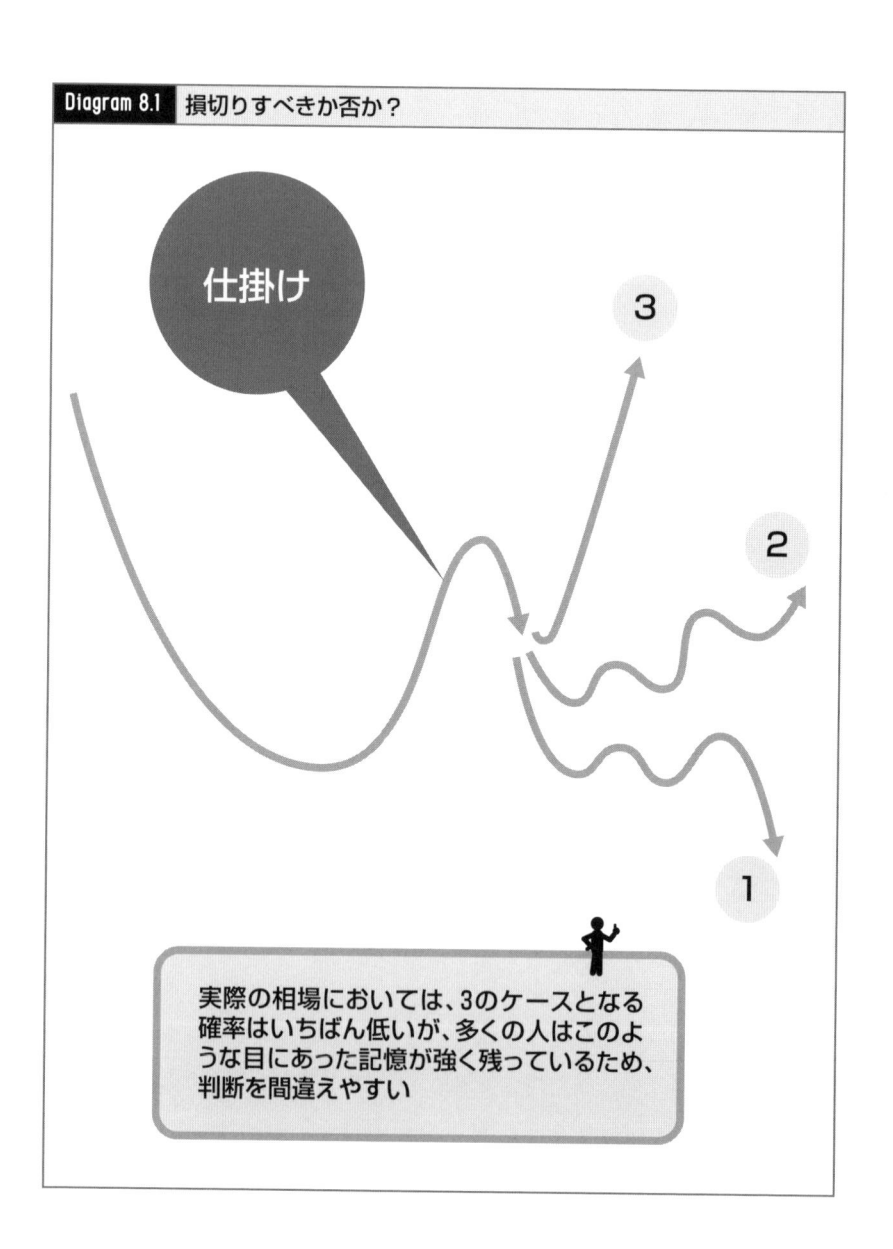

Diagram 8.1 損切りすべきか否か？

仕掛け

3

2

1

実際の相場においては、3のケースとなる確率はいちばん低いが、多くの人はこのような目にあった記憶が強く残っているため、判断を間違えやすい

株式市場においては、手数料が高かった時代は、取引コスト自体がリスクとなるため、簡単に損切りをすることはできませんでしたし、またかつては長期的には上昇することが多かったため、「買ったら売るな」という手法もある意味合理的な方法といえました。
　しかし、ＦＸにおいては、取引コストが非常に安いこともあり、「わからないときは売る」のが鉄則といえます（レバレッジが低いときはその限りではありません）。

　具体的に考えてみましょう。
　図は仕掛けたあとある程度上昇して、少し下がった場面です。
　ここで損切りをするか否かを判断するにあたって、迷う理由は、
1　この下げは本当に下がり始めの前兆か
2　少し下がったあとで上昇する押し目買いの場合か
3　そのまますぐに切り返して上昇するのか
のどのケースになるかわからないということでしょう。
　下げ幅がどのくらいかにもよりますが、実際の相場においては、確率としては３がいちばん低いものです。しかし、多くの人は３のような目にあった記憶が強く残っています。なぜなら、そうした場合、売ったあとでなかなか買い戻しができず、損切りしたことで儲けそこなったことを非常に後悔することにより、強く記憶に刷り込まれるからです。一方、結果として１や２（でうまく買い戻すことができて）になって救われたことの記憶は忘れてしまっているケースが大半です。

しかし、相場においては長期的な確率の視点から、合理的な判断を下さなければ勝つことはできません。したがって、実際には3のように売った直後に上昇する確率は低く、売ったおかげで救われる1や2のケースが多いのですから、そちらを選ぶべきなのです。
　相場でトータルで勝つためには「損小」が大切です。たとえ3となって「儲けそこなう」ことになる可能性があるとしても、1のパターンで「大負け」することを避けるほうが大切なのです。
　以上を考えると、この場合の対応はどうすればいいのでしょうか。まずは、損切りすることです。そしてその後、1のケースとなった場合には、ひと安心してください。2のケースとなった場合には、より安く買い戻すことができれば、問題はありません。
　問題は3のケースです。この場合は上昇を確認したところで再び買い戻すしかありません。売り値と買い値の差額だけ儲けを取り逃すことになりますが、利益が減るリスクと大負けするリスクを冷静に比較すれば、前者のほうがトクだとわかるはずです。「売った値段よりも高く買い戻すのはイヤだ」というのは、感情的な判断であって、合理的な判断ではないのです。

　下げ幅がどのくらいで損切りをするべきでしょうか。いまのドル円相場であれば「1円程度下」というのがわかりやすいといえます。常に1円下に逆指値を入れておけば、予期せぬ急落が起こったとしても、傷が浅いうちに手仕舞いすることができます。
　その他の損切りの方法としては、上昇トレンド中に「陰線が2〜

4本連続した段階で行なう」という方法があります。2回のほうが確定する損の額は少なくて済みますが、だましは当然多くなります。よく全体の動きもみて判断しないと、もち合いに入ったケースなどでは、損切りばかり繰り返すことにもなりかねませんから、注意が必要です。

　一方、「ＭＡＣＤが反転した段階」で損切りするという方法はさらに反応が遅くなりますが、その分、だましは少なくなります。ＭＡＣＤで仕掛けた以上、ＭＡＣＤが反転すればポジションをもっている理由がなくなるわけですから、当然のことです。

　早く切るのか慎重に切るのか、あるいは一定のレートを基準に決めるのか、いずれにしても、ファンダメンタルズや長期的な流れ、レバレッジの程度、仕掛けた理由などをよく考え、自分なりの合理的なルールによって決めることが不可欠です。

　その場その場の気分で損切りの理由づけをしていると、手遅れ、すなわち「ここまで損が膨らんでしまったからには、塩漬けにするしかない」という状況を招くことは間違いありません。

3 損切りの手仕舞い（ストップロスオーダー）

▶ 人間が性としてもつ「弱さ」に対抗するために有用な手段である
▶「トレンドが変わる確率が高い値」を損切り幅の目安とする
▶ 場合によっては、売値より高く買い戻すことが必要なケースもある

　逆指値はいちばん大切な考え方であり、ノウハウでもあるということは、前著でもかなりしつこく繰り返し強調しました。
　その理由は、人間が性としてもっている「弱さ」に対抗して、損失を限定するために不可欠な投資手法だからです。ＦＸ投資において高いレバレッジをかける場合には、とくにその重要性を意識する必要があります。

　逆指値は現行レートのどれくらい下に入れるべきでしょうか。
　基本的な考え方は、「トレンドを形成しないような１日の変動（ブレ）にかからないような値」とする必要があります。もう少し詳しくいうならば「現行レートよりもそれぐらい下に動くときは、トレ

ンドが変わる、あるいは弱まる確率が高い値」となります。

　上記の条件を満たす値をドンピシャで見つけるのは、なかなかむずかしい、というより無理です。しかし、過去の相場の１日の為替変動をみてみると、通貨によっても当然異なりますが、現行レートの50銭程度下ではトレンド中のわずかなブレに引っかかってしまい、トレンドに乗り続けることはできないでしょう。

　私の経験からは、たとえば現在のドル円相場ならだいたい75銭から１円程度下にしておけば、うまくいくことが多くなります。ただ、１円下であっても、たまたま少し深めの調整があったときに逆指値に引っかかってしまい、トレンドから振り落とされてしまうことはあります。そのときは、もう一度トレンドを確認して買い戻しをすることも必要です。

　また、ユーロ円の場合はドル円にくらべてレート自体が高いこともあって、75銭から１円程度ではすぐに引っかかってしまいます。損切りラインとしては、レートの１％から1.5％程度という目安を、私は置いています。つまり、１円30銭から２円程度ということです。

　ところで、損切りを置くポイントとしては、105円、110円など区切りのいい数字は避けるべきです。なぜなら、多くの投資家がそういう数字に損切りの注文を出しているため、そのポイントをディーラーやヘッジファンドなどに狙われることがあるからです。

4 利食いの手仕舞い（トレーリングストップ）

▶「利大」を追いつつ、リスクを管理する手法として有用である
▶急騰時にはトレーリングストップの幅を狭めることも考える
▶１トレンドの変動幅が10％を超えたら、利益の確保にも注意を払う

　ここからは、利食いについて考えてみましょう。利食いは投資の奥義といわれます。いくらいいタイミングで仕掛けても、そのトレードが成功だったかどうかは、手仕舞いをして利益を確定して初めて、決まるものだからです。
　「損小利大」の発想からいえば、利益になったトレードは執念深く追いかけなければなりません。したがって、利益目標というのは、たとえばチャート的な節目などと合わせて目安として置くのはいいと思いますが、初めから１円とか３円といった売り指値を入れるようなことは、すべきではありません。
　いちばんいいのは「トレーリングストップ」（利食いのための逆指値）を使うことです。ロスカットの逆指値が守りの要だとすれば、

トレーリングストップは攻めの要です。

　実際の投資では具体的にどのようにトレーリングストップを入れていくか考えてみましょう。
　1ドル＝120円で10万ドルを買って、1ドル＝125円まで思惑どおりに円安が進んだと仮定します。この時点では、130円まで円安が進めば利益はさらに増える可能性があるし、115円まで戻れば利益が消失する状態です。
　この場合には、125の1円下の124円で逆指値の売り注文を出し、124円まで下がれば自動的に売り注文が出され、4円の利益が確定するようにします。逆に、期待どおりに円安が進行したならば、レートが上昇するにつれて、1円下に置いた逆指値を切り上げていきます。
　トレーリングというのは「追跡する」という意味ですが、126円のときは125円に、127円になれば126円に、128円になれば127円に、という形でレートに逆指値を追跡させるわけです。最後に130円まで到達したあとで反落したとすれば、1ドル当たり9円の利益が確定することになります。つまり、反落したあとに失った1円は、より大きなトレンドをとるためのコストと考えるのです。

　少し応用形のテクニックとしては、後でOCO注文のところで述べる考え方と同じですが、上昇に加速がついてきたときには、ストップまでの幅を狭くする、というものがあります。こうした場合、

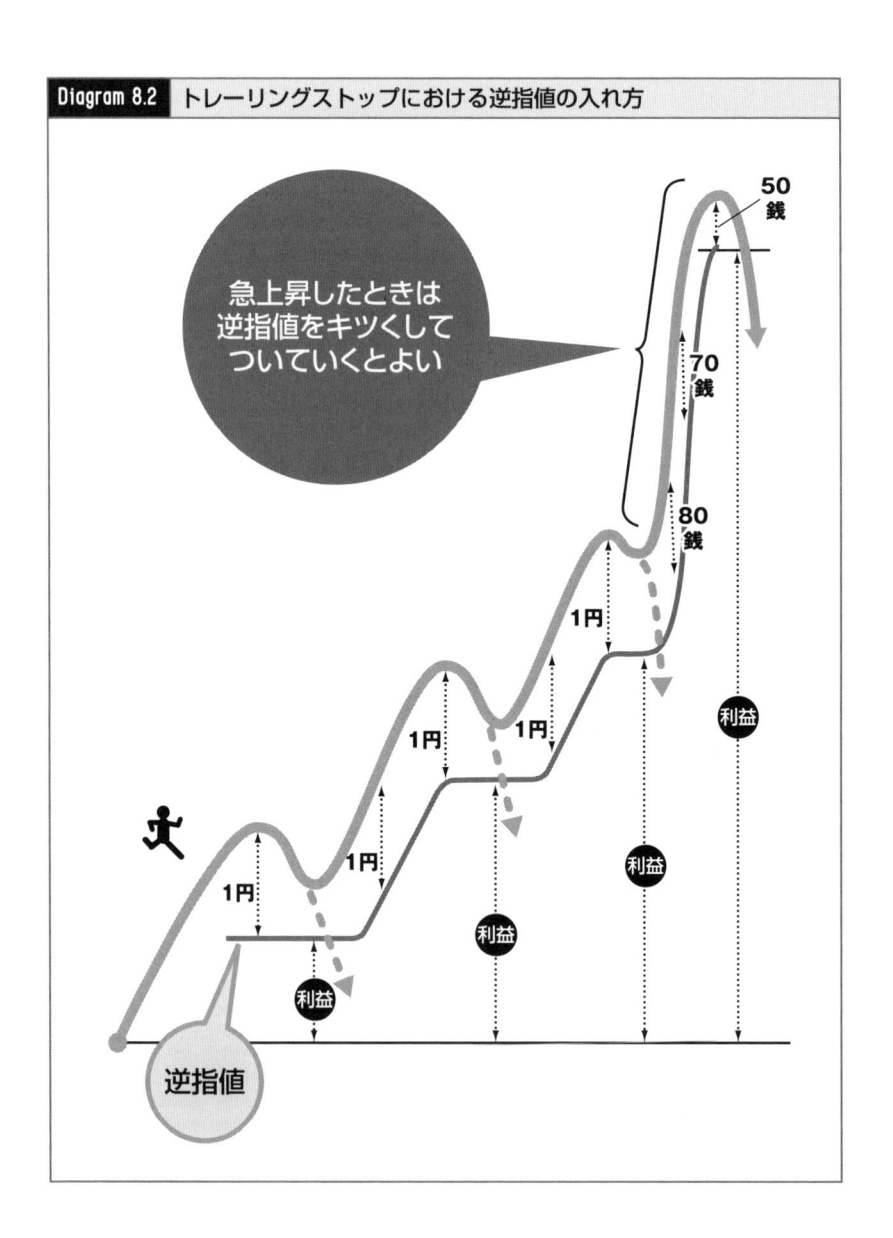

Diagram 8.2　トレーリングストップにおける逆指値の入れ方

急上昇したときは逆指値をキツくしてついていくとよい

50銭
70銭
80銭
1円
1円
1円
1円
1円

利益
利益
利益
利益

逆指値

ひとつのトレンドの終盤の局面であることが多いことと、急上昇したあとは急落して調整が入ることも多いため（天井波乱）、なるべく多くの利益を確保していったん手仕舞ったほうがいいということです。

　トレーリングストップにおいて注意しなければならないのは、逆指値を追跡させるのは利益を増やす方向だけだということです。逆指値の水準を下げてしまっては、まったく意味がなくなります。

　図をみていただければわかると思いますが、トレーリングストップというのは、常にトレンドの転換に対するリスク管理をしつつ、なるべく長いあいだトレンドに乗り続けて、利益の極大化を狙うことができる技術なのです。

　ちなみに、「ＭＡＣＤの買いサインによって仕掛けたわけだから、ＭＡＣＤの売りサインで手仕舞えばいいのではないか」と思う方がいるかもしれません。もちろん、それでも一定の利益は出るでしょう。しかし、実際にやってみるとわかると思いますが、ＭＡＣＤのサインによって手仕舞うと、利益の多くを相場に返してから手仕舞うことになるケースが多いのです。そういう意味では、トレーリングストップは、サインによる売買をもう少し効率的にするための工夫だということです。

　したがって、トレーリングストップによって手仕舞われたあとでも、まだまだトレンドが継続している（ＭＡＣＤの売りサインは出ていない）というケースもあります。その場合は、状況によっては

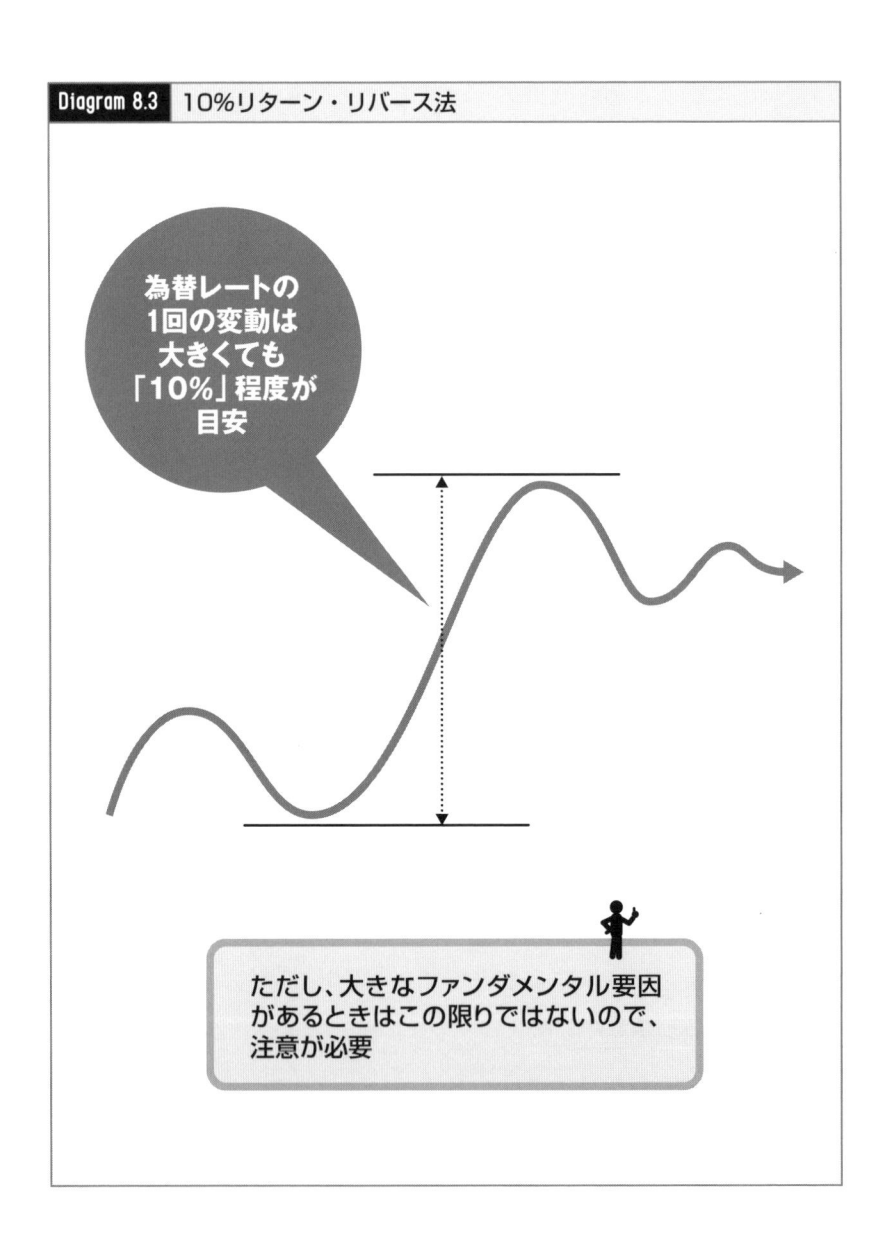

Diagram 8.3　10%リターン・リバース法

為替レートの1回の変動は大きくても「10%」程度が目安

ただし、大きなファンダメンタル要因があるときはこの限りではないので、注意が必要

再び買い戻すこともありえます。ただし、通常はそれなりに高い位置で買い戻しとなりますから、トレンドの転換に対してはいっそうの注意が必要になります。

　さて、利益目標を置くのはよくないと書きましたが、夢を追いかけての深追いもいけません。
　為替レートは基本的には実体経済と密接不可分なため、仕手株などとは異なり、常識的な動きというか、適正な水準というものがあります。たとえば現状においては、1ドルが一気に200円まで上がるとか、あるいは80円まで売り込まれるようなことは、まずないでしょう。
　過去の動きをみても、私は個人的に「10％リターン・リバース法」と名づけているのですが、「1回のトレンドにおける動きは大きくても10％ぐらいが目安」だと考えています。したがって、それぐらい動いたときには、「積極的に利益確定」を考え、指値注文を入れることもあります。
　ただし、需給関係（テクニカル要因）だけで動く場合はこの程度で調整が入りやすいと思いますが、プラザ合意のときのように、大きなファンダメンタル要因がベースにあるときは、この限りではありませんから、注意が必要です。

5 利食いの手仕舞い（ピラミッディング）

▶為替相場は上昇幅が狭く、トレンド転換に時間がかかることが多い
▶為替相場においては変動の時間も意識しながら建玉を管理する
▶チャート的に「高い位置」では下落リスクが増えることを意識する

　仕掛けの分散については前述しましたが、利食いも分散して行なうことがあります。これを利食いのピラミッディングと個人的には呼んでいます。ピラミッディングとは本来、積んでいくことですから、一般には利食いで減らしていく場面では使わないと思いますが、あくまでイメージとして、そう名づけています。
　ピラミッディングは、W・D・ギャンをはじめ、多くの投資家が言及している有名な仕掛けの投資テクニックです。
　基本的な考え方は、たとえば株式投資における買いの場面について考えると、株値が上昇するにつれて下落リスクも上昇すると考えられるため、購入する株数をピラミッドのように徐々に減らしていくという方法です。

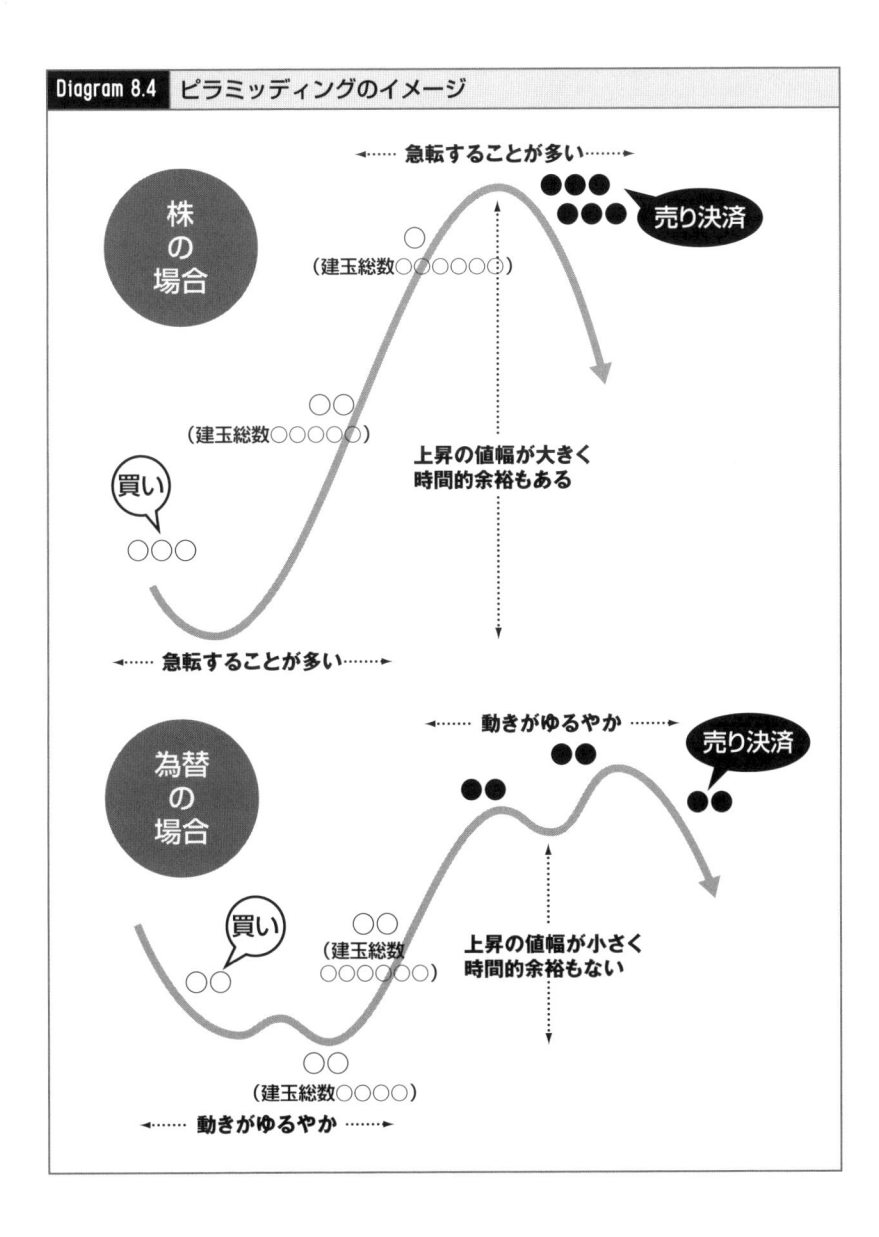

Diagram 8.4　ピラミッディングのイメージ

株の場合

←……急転することが多い……→

売り決済

（建玉総数○○○○○○）

（建玉総数○○○○）

買い

上昇の値幅が大きく時間的余裕もある

←……急転することが多い……→

為替の場合

←……動きがゆるやか……→

売り決済

買い
（建玉総数○○○○○○）

（建玉総数○○○○）

上昇の値幅が小さく時間的余裕もない

←……動きがゆるやか……→

株の場合は上昇の値幅が大きいため、この手法は有効に使えますが、為替の場合は一度の上昇が小さく、たとえば3％程度の上昇でも利益を出さなければならないケースもありますから、この方法はなかなかなじみません。しかし、一方で下降から上昇、上昇から下降へ転換する際に時間がかかるという性質があります。したがって、買いの場合も、時期の分散によってピラミッディングをすることが多くなります。

　また、こうした性質は利益確定のときには都合よく利用することができます。つまり、上昇から下降へ転換する際に時間がかかるという性質を利用して「売りのピラミッディング」を行なうわけです。

　まず、短期間に上昇した後、レートがもち合い状態になったときに建玉の2割から3割について利益を確定します。さらにそのもち合いのなかのよいレートで、2割から3割利益を確定します。このようにして、時間差をつけて利益を確定し、建玉の量をピラミッド状に減らしていくのです。

　7章において、チャートでは常に為替レートの位置とトレンドを意識せよと述べましたが、「上昇してきたものは、より下落のリスクが大きくなる」ということは大切な考え方です。常にこのことを念頭に置きながら、建玉数を管理するようにしてください。

6 シナリオを描けるならば自動売買を活用できる

- ▶自動売買の手法は感情を排するという意味で利用する価値がある
- ▶自分なりのシナリオを描ければ、自動売買は最強のツールとなる
- ▶描いたシナリオは絶えず見直していくことが重要である

　「システム売買」とは、すべてのルールを定性的なものとして規定し、人間の判断や感情を一切入れずにトレードを行なう方法です。2章でも述べましたが、人間の感情、とくにヒューリステックスに代表される非合理的な行動を排除することができれば、投資成績の向上につながることは間違いありません。そうした意味では、究極の投資法だと思います。

　実際、投資先進国であるアメリカにおいては、こうした投資システムをつくり、成功を収めている人もたくさんいます。

　システム売買の第一歩となるのが、FX投資では一般的に利用することができるIFD注文などの取引方法です。

ＩＦＤとはIf done orderの略で、取引が成立した場合の利益確定の決済注文やストップロス注文を、当初の注文と一緒に出すことができる方法です。
　実際に取引をしている人は痛感していると思いますが、損切を確実に実行することは本当にむずかしいことです。たとえば、120円で買った直後に119円まで下がると、いくら損切りが重要であるとわかっていてもなかなか売れない人も多いでしょう。しかし、こういうケースではそのまま売らずに、元に戻るのを祈っていても、ズルズルと損が拡大し、結局は「合理的な損切りができる」時期を逸し、塩漬けにしてしまう確率が高いのです。レバレッジが低ければ、まだ塩漬けで済みますが、高いレバレッジで取引していれば、追証か強制決済ですから、放っておくこともできません。「こんなことになるなら、もっと早く見切りをつけておけばよかった！」と後悔するのは、本当によくある（つまり起こる確率が高い）ことなのです。
　これに対抗するためには、「なかなか売れない」という感情を排除するために、当初の指値注文を出すと同時に逆指値注文（ストップロスオーダー）を出しておくことです。
　基本的に、仕掛ける以上は、「どうなったら手仕舞う」ということを想定しておくのは当然です。そうであるなら、その注文をあらかじめ入れてしまってもいいということです。ちなみに、最初の注文が成立したかどうかを頻繁に確認しなくて済むというメリットもありますから、私もＩＦＤはよく利用しています。

ＯＣＯはOne cancels the other orderの略で、2つの注文を同時に出しておいて、一方が成立したらもう一方はキャンセルするという注文方法です。ＯＣＯは新規注文でも決済注文でも使えますが、私の場合は決済注文に使うことがほとんどです。

　たとえば、1ドル＝120円で10万ドル買いのポジションをもっていると仮定します。これが125円になったときに、127円あたりには強いレジスタンスラインがあったとします。ここで、「124円に逆指値の売り注文」と「127円に指値の売り注文」を同時に出しておくといった使い方をします（実際にはもっと端数の注文を入れます）。

　これにより、現在のレートより「ドル高になれば目標利益を確保しての売り」「ドル安になれば次善の利益を確保するための売り」を行なうことができます。

　あるいは、110円で10万ドルの買いポジションをもった直後に、「109円に逆指値の売り注文」と「113円に指値の売り注文」を同時に出すという使い方もあります。この場合は、一方は利益確定、もう一方は損切りです。

　ポイントは損小利大の原則に従って、損切りのラインより、利益確定のラインを大きくとるということです。そして、最初の買値よりある程度上昇した段階で、損切りの逆指値も利益確定の指値も現在の値に近づけ、確実に利益を出すようにします（次ページ図）。このあたりの考え方は、単純なトレーリングストップのときと似ています。

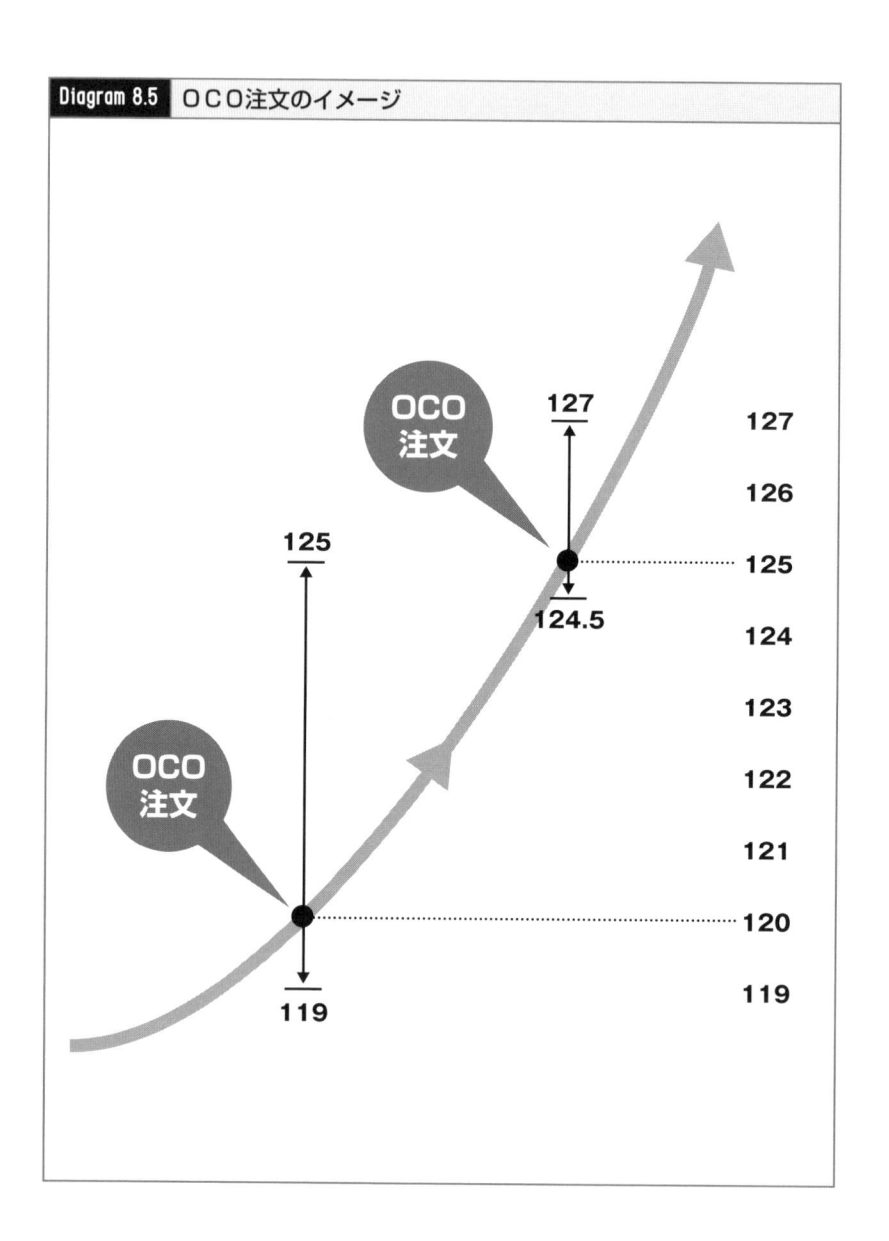

Diagram 8.5 OCO注文のイメージ

最後にＩＦＯ注文ですが、これはＩＦＤとＯＣＯを組み合わせた注文方法です。ある値段で約定すれば、その後はＯＣＯによって決済注文が出されることになります。ＩＦＤとＯＣＯの考え方をそれぞれ理解していれば十分に使いこなすことができるでしょう。

　これらの注文方法を使いこなせば、システム売買に近い運用をすることが可能になります。しかし、そのシステム売買のシナリオを描くのは、当然のことながら自らの手で行なわなければなりません。そして、状況が変化すれば、そのシナリオを絶えず見直していくことも必要です。システムトレードは、人間の判断や感情を排すためのツールですが、そのシステムをつくるのは人間なのです。

田平雅哉（たひら　まさや）

京都大学経済学部（専門金融論）卒業。アメリカ留学、大手生保勤務を経て、大阪大学医学部卒業。大阪大学付属病院、公立病院等に勤務の後、現在、大阪府内のクリニック院長。内科認定医。株式投資によって1994年より年平均50％の運用実績をもつ一方、数年前からはFX（外国為替保証金取引）に投資の主眼を移し、年率100％以上の運用を続けている。前著『ドクター田平の　外貨で3000万円儲ける法』はFXブームのきっかけをつくり、ベストセラーとなった。

田平雅哉のＦＸ「スイングトレード」テクニック

2005年11月20日　初版発行

著　者	田平雅哉　©M.Tahira 2005
発行者	上林健一

発行所	株式会社日本実業出版社	東京都文京区本郷3－2－12　〒113-0033 大阪市北区西天満6－8－1　〒530-0047
	編集部　☎03-3814-5651	
	営業部　☎03-3814-5161　振　替　00170-1-25349
	http://www.njg.co.jp/

印刷／壮光舎　　製本／若林製本

この本の内容についてのお問合せは、書面かFAX（03-3818-2723）にてお願い致します。
落丁・乱丁本は、送料小社負担にて、お取り替え致します。

ISBN 4-534-03992-1　Printed in JAPAN

下記の価格は消費税（5％）を含む金額です。

日本実業出版社の本
投資関連本

好評既刊！

田平雅哉＝著
定価 1575円（税込）

今井雅人＝著
定価 1890円（税込）

伊藤智洋＝著
定価 1470円（税込）

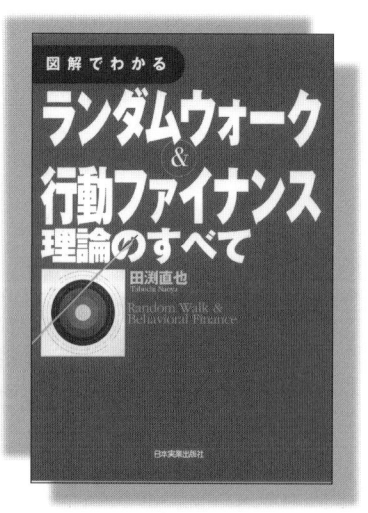

田渕直也＝著
定価 2520円（税込）

定価変更の場合はご了承ください。